青柳いづみこ

Izumiko Aoyagi

パリの音楽サロン

―ベルエポックから狂乱の時代まで

Eurus

Notus

Boreas

Zephyrus

岩波新書

1982

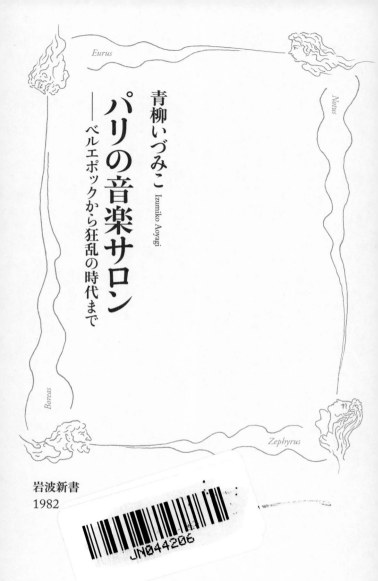

はじめに　サロンという登竜門

若く、無名でお金のない芸術家が世に出る手段は、そう多くはない。二一世紀のこんにちでは、それがショパン・コンクールだったりチャイコフスキー・コンクールだったりするわけだが、一九世紀は貴族やブルジョワのサロンがその役割を果たしていた。

鹿島茂『馬車が買いたい！』(白水社)は、バルザックやフローベール、スタンダールらの小説の主人公に注目し、田舎からパリに上り、社交界で一旗あげようともくろむ若者たちの算段を具体的に検証した書である。タイトルにもあるように、社交界に乗り込むためには、何をおいても馬車が必要だった。馬車がなければ上流階級のサロンに行くことができず、サロンでデビューしなければ、文壇・楽壇の大立者や文芸の庇護者に出会うこともできなかった。

少し時代はあとになるが、一八三一年、ワルシャワ動乱でパリに出てきたショパンも同じような努力をしている。

ショパンの場合、スタートにはかなりのアドバンテージがあった。彼はすでにウィーンのケルントナートーア劇場でデビューし、「ウィーン劇場新聞」やライプツィヒの「アルゲマイネ・ムジカーリッシェ・ツァイトゥング」(一般音楽新聞)で絶賛されていた。

しかしそれだけでは、口の悪いハイネの表現によれば、ピアノの名人たちが「バッタの大群のように」押し寄せてくるパリでやっていくには十分ではなかった。

幸い、彼は二通の推薦状をもっていた。一通はワルシャワでの師エルスネルからパリ音楽院教授で指揮者のルシュールに宛てたもの、もう一通はウィーンでの庇護者マルファッティがパリ楽壇の大立者パエールにしたためてくれたもの。

ショパンのパリ・デビューのプレイエル・ホール

推薦状を読んだパエールは、早速ロッシーニ、ケルビーニはじめ有力な作曲家たちにショパンを引きあわせ、ピアノ界の重鎮フリードリヒ・カルクブレンナーにも紹介した。

通常は冷たくとっつきにくいと思われていたカルクブレンナーも、目の前で自作の『ピアノ協奏曲第一番』を弾いたポーランド青年の才能に深く魅せられ、三年間無償で指導しよう、ひとかどのヴィルトゥオーゾ(名人芸の持ち主)に育てたいと申し出た。故郷の両親や師匠の反対で弟子入りは実現しなかったが、カルクブレンナーは少しも気を悪くすることなく、自分の作品も含めた演奏会を企画し、ショパンのパリ・デビューを仕掛けた。

一八三二年二月二六日、プレイエル・ホールで開かれたコンサートは大成功で、ショパンはユダヤ人のロスチャイルド家のサロンに招かれ、男爵夫人から弟子入りを志願される。

評判は「トゥ・パリ」、いわゆる上流社会に伝わり、ノアイユ侯爵家、ヴォーデモン公爵夫人、国王の側近のド・ペルチュイ伯爵、エステルハージ伯爵等々の子弟がこぞってショパンに弟子入りを望む。亡命ポーランド人の有力者がマネージャーがわりに条件を定め、ワンレッスン二〇フラン（一フラン＝約一〇〇〇円）という謝礼を告知した。パリ随一の教育者カルクブレンナーが二五フランだったのだから、高額ぶりがわかろうというもの。

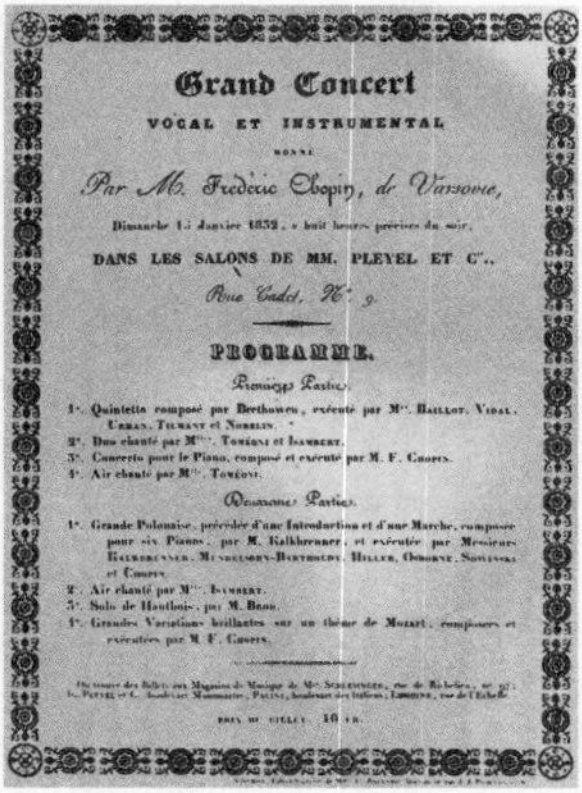
Grand Concert
VOCAL ET INSTRUMENTAL
DONNÉ
Par M. Frédéric Chopin, de Varsovie,
DANS LES SALONS DE MM. PLEYEL ET Cie.,
Rue Cadet, No. 9.

PROGRAMME.
Première Partie.
1o. Quintetto composé par Beethoven, exécuté par MM. Baillot, Vidal, Urhan, Tilmant et Norblin.
2o. Duo chanté par Mlles. Toméoni et Isambert.
3o. Concerto pour le Piano, composé et exécuté par M. F. Chopin.
4o. Air chanté par Mlle. Toméoni.
Deuxième Partie.
1o. Grande Polonaise, précédée d'une Introduction et d'une Marche, composée pour six Pianos, par M. Kalkbrenner, et exécutée par Messieurs Kalkbrenner, Mendelsohn-Bartholdy, Hiller, Osborne, Sowinski et Chopin.
2o. Air chanté par Mlle. Isambert.
3o. Solo de Hautbois, par M. Brod.
4o. Grandes Variations brillantes sur un thème de Mozart, composées et exécutées par M. F. Chopin.

ショパンのパリ・デビューのプログラム

一八三三年一月、ショパンは故郷の友人にこんな手紙を書く。

「僕は四方八方から引っ張り凧なのだ――上流社会に這入り込み、各国大使やら誰々公爵やら何々大臣やらと同席しているのだが、一体どうしてこんなことができたのか、自分でもわからない。自分からよじ登ろうと思ったわけじゃないからだ。今の僕にとっては、これが一番必要なことで、［なぜなら］ここからいわゆる良い趣味が、ここから流行が出てゆくからだ――ひとたび英国大使館かオーストリア大使館で演奏すれば、たちまち人より才能に恵まれていることになるし――ヴォーデモン公爵夫人のお引き立てがあった（中略）と言えば、たちまち人より演奏がうまいことになる……」（『ショパン全書簡1831―1835年パリ時代（上）』関口時正他訳、岩波書店）

「よじ登ろうと思ったわけじゃない」というのは字義通りに受け取ってはいけない。ショパンは、作曲や演奏の才能もさることながら、リストが「貴族のご落胤のよう」と評したように、ヴィジュアル面でも「貴族的」だった。優雅で洗練されたものごし、エスプリに満ちた会話、非のうちどころのない礼儀作法。それは先天的なものもあるだろうし、自身の資質をみきわめた上である程度ターゲットを定めて計算したものでもあろう。

同じ手紙で彼は次のように書いている。

「今日はレッスンを五回することになっている。――大儲けだと思うだろう！――僅かながら二輪馬車《カブリオレ》の方が高くつくし――それに白い手袋だ――これなしでは作法に適わない」（前掲書）

まさに「馬車が買いたい！」である。ヴィクトル・ユゴー『レ・ミゼラブル』のマリユス青年のような貧乏学生がカブリオレを時間ぎめで雇うと、一乗りするだけで夕食一回ぶんぐらいのお金がふっとんでしまう。貴婦人を訪問するときやオペラ座に行くときは靴に泥がつかないように馬車を使っても、帰りは歩いて帰るのが普通だったという。

パリに出てきた当座は「僕もそろそろ世の中へ出てゆこうとしているが、ポケットにはドゥカット金貨一枚しかない！」と嘆いていたショパンだが、二年もたたないうちに流行の最先端をゆくダンディの仲間入りをした。馬車を買うまでのお金はなかったが二輪馬車を借り、御者と召使を雇い、ヴィヴィエンヌ通りの洋服屋でフロックコートを注文し、白麻の下着をつけ、絹のネクタイを三重に巻き、エナメル塗りのブーツをはき、繻子の裏をつけたマントをはおり、最新流行の帽子をかぶり、身なりをととのえる。

いわゆる先行投資である。

世界をまたにかけて活躍するヴィルトゥオーゾとしては、ショパンは難があった。まず、音量が小さく、大きな会場やオーケストラとの共演では音がきこえにくい。これはカルクブレンナーが指摘したことだが、演奏にむらがあり、コンスタントな演奏活動にはむいていない。作曲家としても、オーケストラ書法に長けていなかったので、オペラや交響曲のような大規模な作品でステイタスを確立させることができなかった。

量より質、規模より繊細さ、大がかりな仕掛けより精緻な工夫を尊ぶサロンの親密な空間での活動は、ショパンの在り方を活かす、おそらく唯一の道だったことだろう。

同じようなことは、オペラを書きたがらなかった(結局は書いたが)フォーレについても言うことができる。「五十五歳を迎えても、フォーレの名は未だ世間には知られていなかった」と、ジャン゠ミシェル・ネクトゥーは書く。

「例えば、音楽に明るいアマチュアが楽譜屋で彼のとある歌曲を尋ねると、決まって同名の名高い歌手ジャン゠バティスト・フォールの作品が示される有様だった」(ジャン゠ミシェル・ネクトゥー『ガブリエル・フォーレ』大谷千正訳、新評論)

いっぽう、上流社会のサロンでは、フォーレは有名人だった。一八七〇年代に作曲の師サン゠サーンスに紹介されたポーリーヌ・ヴィアルド夫人のサロンでは、家族の一員のように迎え入れられ、夫人や娘たちのためにいくつかの歌曲を書き、息子のポールには『ヴァイオリン・ソナタ第一番』を献呈している。娘のマリアンヌとは長い交際期間を経て婚約したが、こちらはすぐに解消された。

一八七〇年代後半にはいるとボーニ夫人(のちのサン゠マルソー夫人)のサロンに出入りし、有名な歌曲『夢のあとに』を捧げる。一八九〇年代には、豊かな財力をバックに音楽界の影の立役者となったウィナレッタ・シンガー(のちのポリニャック大公妃)、プルースト『失われた時を求めて』のゲルマント公爵夫人のモデル、グレフュール伯爵夫人の寵愛を得て、前者には『五つのヴェネツィアの歌』、後者には『パヴァーヌ』を捧げている。一八九二年からは、富裕な銀行家夫人エンマ・バルダックのサロンに出入りし、夫人に『優しい歌』を捧げ、娘のエレーヌの誕生日に際して連弾組曲『ドリー』を書くことになる。「エクセルシオール」紙のインタビューに応えてフォーレは、「私は社交界での生活に夢中になり、何人かの良き理解者にも恵まれました。大衆には認められなくても、こういった友人たちに理解してもらえたことで、私は満たされていました」(J＝M・ネクトゥー『評伝 フォーレ』大谷千正監訳、新評論)と語っている。

しかしまた、環境さえ許せばもう少し「本格的な」作品を書くこともできたわけである。ネクトゥーによれば、フォーレが作曲家としてデビューした一八七〇年春、パリの音楽雑誌の記事はオペラとその歌手たちの記事で埋めつくされていたという。マイアベーアやアレヴィ風の「グランド・オペラ」がもてはやされており、それ以外では、オッフェンバックのオペレッタと民衆的なカフェ・コンセールが人気を集めていた。

こんな状況を打破したのが、一八七一年にサン＝サーンスやヴァンサン・ダンディによって設立された国民音楽協会である。会員たちの新作を初演し、劇場音楽以外の作品にも発表の場を与えることで作曲界に風穴をあけた。

フォーレも、「プティ・パリジャン」紙(一九二二年四月二八日)のインタビューで、一八七〇年以前にはソナタや弦楽四重奏曲を書きたいとは思っていなかったと語っている。「当時は、若い作曲家の作品が演奏される場などなかったからだ……。サン＝サーンスが一八七一年に国民音楽協会を設立した大きな目的は、まさに若い作曲家たちの作品を演奏することにあったのであり、私もそのために室内楽曲を作るようになったのです」(前掲書)

名作『ヴァイオリン・ソナタ第一番』はこうして誕生した。

サロンの女主人にも、新しい音楽を好む人はいた。前衛びいきで知られるグレフュール伯爵夫人は、一八九〇年代はじめ、当時の会長フランクの死去で保守化した国民音楽協会の改革に奔走している。このアイディアがのちの独立音楽協会に発展した。

ポリニャック大公妃のサロンも、シャブリエからストラヴィンスキーまで前衛音楽の発表の場となっていた。ストラヴィンスキーにはバレエ音楽『狐』、サティには交響的ドラマ『ソクラテス』を委嘱し、六人組のプーランクやミヨー、タイユフェールにも作品を委嘱している。

二〇世紀にはいると、サロンが開かれるのは必ずしも貴族の邸宅ではなく、作品や演奏を売り込む場から、異なるジャンルの出会いの場、前衛芸術の発祥の地へと移っていく。

ラヴェルも、作曲の師フォーレのつてで上流社会のサロンに出入りしていたが、彼をより支援したのは、ポーランド人のゴデブスキ家だった。彫刻家の息子シーパとイダ夫妻は、芸術家たちのためにアテネ街二二番地のサロンを開放し、新時代の作曲家や文学者が集った。

シーパの異母姉ミシアは、ディアギレフ率いるロシア・バレエ団の出資者の一人として知られる。彼女は生涯に三度結婚しているが、二番目の夫エドゥワール(「ル・マタン」紙の社主)は大富豪で、一九〇五年にラヴェルが作曲家の登竜門であるローマ賞コンクールで五度目の失敗をしたとき、傷心の友を誘って、自分たちのヨットで豪華なクルーズの旅に連れ出している。

こうした新しい潮流の恩恵をもっとも受けたのが、エリック・サティだった。若いときはモンマルトルの酒場でピアノを弾き、「戸棚」と呼ばれた、横にならないと身の置き場のない部屋に住んでいたサティは、もう少し人間的な住処を求めてパリ郊外のアルクイユに転居し、仕事のために徒歩で二—三時間かけてモンマルトルのカフェ・コンセールやミュージック・ホールに通っていたが、暮らしは一向に楽にならなかった。

上流階級のサロンとは縁がなく、アルクイユで子供たちのためのコンサートや音楽教室を開いていたエリック・サティを中央に引き出したのは、自分を評価しない国民音楽協会を脱退して一九〇九年に独立音楽協会を立ち上げたラヴェルだった。『サラバンド』や『星たちの息子』など初期作品の革新性に注目したラヴェルは、一九一一年初めにガヴォー・ホールでサティの個展を企画し、「天才的先駆者……四半世紀も前に、大胆にも未来の音楽の隠語で話していた人騒がせな新語開発家」と紹介した。

その後に起きたことは、まるで出世すごろくのようである。サティはカフェ・コンセールの歌手ポーレット・ダルティの家で、まだ二〇歳の作曲家ロラン＝マニュエルに出会い、すっかり意気投合してしまう。マニュエルは自宅でサティの音楽喜劇『メドゥーサの罠』を上演し、それを見にきた画家のヴァランティーヌ・グロスは、自宅のサロンでコクトーに引き合わせる。

一九一六年四月、モンパルナスのユイガンス音楽堂で「ラヴェル&サティ」コンサートが開かれ、従軍中のコクトーも休暇をとってヴァランティーヌ・グロスとともにやってきた。コクトーはロシア・バレエ団のために台本を書いた『パラード』の音楽をサティに依頼し、一九一七年五月、シャトレ座での歴史的な上演が実現する。

『パラード』は、ポスト・ドビュッシーを模索していた次世代の作曲家たちを集結させるきっかけとなった。オーリックとデュレ、オネゲルはユイガンス音楽堂でサティを讃えるコンサートを開く。プーランクは『黒人狂詩曲』を書いてサティに捧げる。

ヴァランティーヌ・グロスがいなければ『パラード』は生まれなかったし、『パラード』がなければ、六人組もまた生まれなかっただろう。

このような展開は、残念ながら集団合議制のコンクールでは望みにくい。

サロンもまた、選別の場ではある。グレフュール伯爵夫人は、リヒャルト・シュトラウスの『サロメ』にしても、マーラーの『交響曲第二番』にしても、まず自分のサロンで試演会を開いてからホール主催者にコンタクトをとった。興行主からのちの名ピアニスト、アルトゥール・ルービンシュタインの売り出しをもちかけられたときも、まず別荘のサロンで弾かせてみた。これぞと思った才能には世に出る手段を与える。有識者に意見を求めたにしても、最終判断は彼女たちの審美眼、嗅覚にかかっている。

国際コンクールでは、さまざまな国のさまざまな経歴のさまざまな世代の審査員たちが、さまざまな国のさまざまな経歴のさまざまな資質の若者たちを審査する。当然そこには、さまざまな政治的要素、国家や民族の都合、主催者側の都合、楽器メーカーの都合、審査員や教師たちの都合がからみあう。

ときどき、音楽に民主主義は似合わないと思うことがある。誰か一人の審査員がすばらしいと思っても、他の審査員がよい点をつけなければ、勝ち抜くことはできない。一九八〇年のショパン・コンクールでは、イーヴォ・ポゴレリチの第三次予選敗退を不服としたアルゲリッチが審査員を辞退してしまった。

芸術に競争は似合わないと思うこともある。ショパンがショパン・コンクールに出場したら、一次予選で落ちるだろうというのは、音楽学生たちがよく笑い話にすることである。ショパンのような希有な才能を発掘するためには、コンクールはまったく向いていない。

そしてまた、ローマ大賞に五回失敗したラヴェルも、コンクール向きではなかった。ましてや、サティにおいてをや、である。

目次

I　団扇と婦人

オルセー美術館に所蔵されているマネの『団扇と婦人』は魅力的な絵だ。黒髪の女性がひじをつき、長椅子の上でトルコのサルタンのようなポーズで寝そべっている。

決して美人ではないが、印象に残る風貌だ。二重の目は大きく、目尻が下がっていて、眉尻もそのラインに沿って少し下がっている。官能的な唇は濃い赤に塗られ、口角を少しひきあげて微笑を浮かべている。それは人を誘っているようにも、あざ笑っているようにも見える。

豊かな黒髪はシニオンにまとめられ、前髪に鳥の羽根を飾っている。金の刺繍のはいった黒のボレロと黒のスカートを着け、小さな足には中国風のミュールを履いている。

ヴェルレーヌはこう歌った。

「俗な女じゃない。地獄の精神に　ひばりの笑いを兼ねそなえているのだ。
彫刻家も音楽家も詩人も　みな彼女の客。いやはや、何という冬を　俺たちはすごしたことか！　苦く　また甘い冬だった。サバト！　饗宴！」(ピエール・プチフィス『ポール・ヴェルレーヌ』平井啓之、野村喜和夫訳、筑摩書房)

モデルとなったのはニナ・ド・ヴィヤール夫人(一八四三―一八八四)。パリ九区で無礼講で知られる文芸サロンを主宰し、『第二次現代高踏詩集』に作品が収録された詩人でもあった。絵が描かれたのは一八七三―七四年で、ニナは三〇代にはいったばかりだったが、たるんだ目の下や頬のラインからはもう少し上の年齢を連想する。ニナが精神を病んで亡くなるのは一〇年後だから、彼女にとってはすでに晩年だったかもしれない。

ニナが高踏派や未来の象徴派のミューズとなるのは、一八六八年、二五歳のころからである。四年前に「フィガロ」の記者エクトール・ド・カイヤス伯爵と結婚し、父の資産に加えて夫の金利で何不自由ない生活を得たもののほどなく別居。サロンは彼女に夢中な多くの反体制ジャーナリストや詩人、画家、音楽家たちで賑わっていた。

ニナは黒髪だったが、金髪好みのはずのステファヌ・マラルメも夢中になり、ヴィリエ・ド・リラダンは生涯の友、アナトール・フランスは愛人だった。モーリス・ロリナ、エミール・グードー、フランソワ・コペ、アルマン・ルノー、ジェルマン・ヌーヴォー、ポール・ヴ

団扇と婦人(マネ画)

エルレーヌ、アンリとシャルルのクロ兄弟、ジャン・リシュパンらは、のちにモンマルトルの文学キャバレ「黒猫」の常連になるだろう。

接客日は水曜日と日曜日だったが、実際には毎晩門戸が開かれていた。モンマルトルやカルティエ・ラタンの詩人たちは夜一〇時、もっと極端なときは深夜一時からシャプタル街一七番地の三階に押しかけ、朝の五時までどんちゃん騒ぎをくりひろげたという。

シャンソン作曲家のシャルル・ド・シヴリーは、ヴェルレーヌやその友ルペルチエとともにサロンを訪れたときの印象を、次のように記している。

「アルジェリア人風の横顔をし、非常に大きな眼をした小柄な女性が、赤い化粧着をまとい、髪にはダイヤモンドの豪奢な飾りをつけて、扉を開けにやって来た」(前掲書)

ニナはシヴリーの腕をとりながら、「あなたがシヴリィ？　早くピアノのところに行って！」と言った。サロンでは、すさまじいカドリールがくりひろげられた。アルバンは彼の魔法のコルネットを鳴らしていたし、シャルル・クロはオルガンで参加していた。

突然、呼び鈴が鳴らされた。部屋着を着てボンネットをかぶった一人の男がうめく。

――ニナ・ド・カイヤス夫人、こんな生活をやめてくれないか。

一同、俳優が演ずるコメディかと思ったが、実は騒ぎで眠れない大家だった。彼はアパルトマンの一階に住んでいたのである。ニナの父親もあまりの騒ぎに耐えられず、ひとつ上の階に小さな部屋を借りて避難したという。

サロンというと着飾った男女が集う豪奢な空間を連想するが、ニナのところは平服で、出席者たちが「自分の家のように感じる」「どんなに冷たい高踏派の詩人もその不感無覚を失ってしまう」ほど親密な雰囲気だったらしい。

シヴリーの妹マチルドも、「客たちはフロックコートを着用していようが背広だろうがかまわなかった」と回想している。

「多かれ少なかれ地味な人、普通の人たちはニナのサロンから去っていった。きくところによれば、ヴィヤール夫人はときどき複数のワインを混ぜたそうである。ただもう客たちが酔っぱらうのを見たいがために」(Catulle Mendès, *La Maison de la Vieille*, Champ Vallon)

マチルドは、このサロンで未来の夫ヴェルレーヌに出会うだろう。

ニナは、詩人であるとともに、バッハ、ベートーヴェン、ショパン、シューマンを得意とするピアニストでもあった。彼女がモワーヌ街でピアノを演奏する様子を描いた『ニナ・ド・ヴィヤールのサロン』(一八七五―七七)もオルセー美術館に収蔵されている。描いたのはフラン＝ラミで、ニナの愛人のひとりでもあった画家だ。

天井からは日本の提灯とおぼしき照明が下がり、開かれたドアのところでは髭面のヴァイオリニストが演奏している。ニナがグランド・ピアノの前に坐って演奏し、かたわらにもう一人の髭面の男が立ってタクトをとっている。描かれたピアノを古楽器修復の専門家に見てもらったところ、脚のデザインからおそらくエラールだろうとのこと。リストが愛した楽器で、軽やかなタッチ、華やかな音色が特徴だ。

ニナは、ドビュッシーの先生だったパリ音楽院教授マルモンテルや、パリ随一のヴィルトゥオーゾと称されたアンリ・エルツに師事した。エルツはオーストリア出身で、パリ音楽院に学び、リストの呼びかけによりタールベルク、ピクシス、ツェルニー、ショパンとともにベッリーニ『清教徒』の行進曲にもとづく変奏曲『ヘクサメロン』を共作している。

当時の音楽家の常として、ニナもまたコンポーザー・ピアニストだった。一八歳のときある友人への手紙で語ったところによれば、「テオドール・ド・バンヴィルの求めに応じて、彼から贈られた詩集中の数編に音楽をつけた」という。バンヴィルは、ドビュッシーに『亜麻色の髪の乙女』のテキストを提供したルコント・ド・リールと並んで高踏派の巨匠として知られる。ニナはバンヴィルの名前を知らず、バンヴィルはニナに会ったこともなかったが、彼女の評判を知って依頼したものらしい。

ニナの名前は、文豪を惹きつけたのだろうか。一八六八年一〇月には、アレクサンドル・デュマ(父)が主催するル・アーヴルでのコンサートに出演している。彼女のフランス・デビューの模様が、他ならぬ文豪の筆で活き活きと描き出される。

「ニナ・ド・カイヤス夫人は小さく、褐色で、すばらしい大きな目とあいまって熱に浮かされたような様子をしていた。音楽上のやや誇張された感情は、そのすばらしくよく動く指に託された。彼女は、天才的な演奏家によくみられる欠点をもっていた。その演奏はふぞろいだったが、すばらしい輝きに満ち、彼女の機知の規範の支配下にあった。ピアノは彼女にとって、楽器ではなく奴隷だった。彼女は彼女が苦しんでいることすべてによって楽器を苦しませた。彼女は鞭のような指で楽器を叩き、嘆き、うめき、そして泣いた」(*La Dame aux éventails*, Réunion des Musées Nationaux)

なんとなく、ロシアの名ピアニスト、マリヤ・ユージナのスタイルを連想する。

一八六八年一二月一六日には、モンテーニュ街のパレ・ポンペイアンでニナのパリ・デビュー・コンサートが開かれた。

少し前、彼女は小ロマン派の詩人・作家テオフィール・ゴーティエに宛てて「大変ぶしつけながら桟敷席をご用意させていただきます。自作の詩による歌曲も演奏しますので、もしいらしていただくことができましたら大変光栄に存じます」と書き、新聞の「月曜日の恒例の欄」(リサイタルは水曜日)に推薦記事を書いてくれるように頼んでいる。

翌年一月の「アルティスト」誌にはこんな批評が載った。

「休憩前は、ショパンのマズルカにつづくカイヤス夫人の『ロマンス』で締めくくられた。

アルセーヌ・ウーセイの詩によるもので、ニナ・ド・リオネル嬢によって歌われた。ショパンのレッスンを受けるには若すぎたニナ・ド・カイヤス夫人は、彼の弟子と言っても通用するであろう」(前掲書)

「鞭のような指で楽器を叩く」スタイルはショパンとはかけ離れているのだが。

一八七〇年七月に普仏戦争が勃発したとき、母親とスペイン国境近くのビアリッツに滞在していたニナは、大急ぎでパリに戻った。財産があったので、プロシャ軍によるパリ包囲の網も何とかくぐり抜けることができたという。

七一年三月のパリ・コミューン蜂起に際してはコミューン側に立ち、戦闘で負傷した兵士たちを救護した。しかし、二カ月後にティエール率いるヴェルサイユ政府に鎮圧されると、摘発を恐れてジュネーヴに逃れる。

母親と三匹の猫とともにパキ地区の「シャルメット」という閑静な宿舎に落ち着いたニナは、生徒に稽古をつけたり、カジノでピアノを弾いたりして活動をつづけていた。一八七一年一一月四日と七二年一月一三日には、戦争による寡婦や孤児のためのチャリティ・コンサートを開いている。

一八七二年秋にスイスを離れたニナ親子は、イタリアを経て南フランスに行き、冬をニースで過ごす。七三年一月にはアルザス＝ロレーヌ協会主催のコンサートに出演。ニース新聞に

「ヴィヤール夫人の妖精のような指は鍵盤を駆けめぐり、その素早さで目眩を起こさせた」という批評が載っている。

七三年春にパリに戻り、ロンドン街のアパルトマンを借りたものの、相変わらず二、三日おきに一五人から二〇人もの客が押し寄せ、夜の九時から朝の七時まで騒ぐため、苦情があいついだらしい。ローマ、トリノ街と引っ越しをくり返したあげく、七四年八月にモワーヌ街八二番地の庭つきの一軒家に落ちつく。

モワーヌ街で開催されるようになってからは、ニナのサロンのお祭り騒ぎはさらにエスカレートしたようだ。一八七〇年代の「バティニョル地区」は、パリジャンにとっては「田舎」だったので、出席者たちは思う存分羽をのばすことができたのだろう。

家は、前庭つきの一階も食堂のある二階も、居間にかぎらず寝室も浴室も開放されていた。出席者たちの回想によれば、人々は階段のあらゆるステップで、無数の猫や犬、インドの豚(!)に囲まれて食事をしていた。あるやんごとない王子が器用に薪の上に坐って食べているのも目撃されている。

「ニナは自分の安楽椅子に座り、クッションの山の上に横たわり、トルコ風にひじをついていた」という描写は、マネの『団扇と婦人』のポーズを思い浮かばせる。

中庭のテーブルには、ソーセージやコールド・ミート、ワイン、ビールが置かれ、パンタグリュエル的な空腹を満たせるようになっていた。ヴィリエ・ド・リラダンはその庭の模様を「ニナ・ド・ヴィラー《ママ》ル邸の一夕」というエッセイで雄弁に描き出している。

「今や、ニナは、日本のけざやかな花模様を描いた部屋着をまとい、木蓮の樹蔭、巻煙草を唇にして、アメリカの安楽椅子に坐って左右に身体を揺っていた。彼女のそばではマラス氏が、煉金道士アンリ・ラ・リュベルヌ氏、並びにかの、好感をそそる学者シャルル・クロス《ママ》を相手に、魔法の奥義について語っていたが、クロス氏の実に基督教徒らしい最近の死は、この星空の一夜を私に想い起させるのだ」(『ヴィリエ・ド・リラダン全集　第三巻』齋藤磯雄訳、東京創元社)

　ニナのサロンは、最先端の動向をわきまえない詩人にとっては恐ろしい場所でもあった。リラダンは、サロンに紛れ込んだ社交界の伊達者が常連によって完膚なきまでに論破される様子を描写している。世は高踏派の時代であった。内容よりも形式的な完成度を重視し、言葉から可能なかぎり意味をそぎおとし、感情ではなく言葉の響きによって再構築する。

「しかし、皆さん、言葉ばかり追い廻していたら、あなた方の詩には屢々意味が無くなってしまうでしょうが。……」

　伊達者氏がこう言うと、詩人でシャンソン作曲家のジャン・リシュパンは冷やかな口調で「意味などは寄生木《やどりぎ》にすぎません、音響《ソノリテ》のトロンボンに乗っていくらでも芽生えて来ますよ」と返す。

「それも結構。しかし、要するにですね、感情というものをどうなさるのです？」と伊達者氏はマラルメに議論をふっかけようとする。

「哀歌《エレジー》は、現代風俗を物ともせず、御婦人方の間ではやはり大いにもてはやされています。それなら一体、どうしてそれを見棄てるのですかね。――ではあなたは、詩の中で涙を流すようなことが全くないのですか」（前掲書）

マラルメはもちろん、「涙もかみませぬ！」と冷たく言い放つ。ニナとサロンの常連の婦人たちは、伊達者氏の目の前で吹き出しては失礼と家の中に引き上げてしまった。

一八七五年九月、はじめてサロンに出席したのちの「黒猫」詩人、モーリス・ロリナは、女主人の印象を次のように記している。

「彼女はこれ以上ないほどの美しい髪をもち、目は少し大きすぎたかもしれないが、黒檀のように輝き、磁気をおびていた。それは、風変わりで豪奢で、近代文学を渇望していて、自己の存在を熱烈に愛している女性だった」（*La Dame aux éventails*）

詩人にして科学者のシャルル・クロが描いた『ピアノの前のニナ・ド・ヴィヤール』もちょうどそのころの姿だろうか。ノースリーブのドレスを着け、肩から肉付きのよい腕をまっすぐのばしてなかなかよいフォームで弾いている。

先にニナのサロンの絵を描いたフラン＝ラミが彼女の愛人のひとりだったと書いたが、ピアノの演奏姿を描いたシャルル・クロこそ、一八六八年から九年間にわたってニナの「オフィシャル」な恋人であった。

ニナは多情で、常に男性と複数の関係をもち、そのことを隠さなかった。シャルル・クロがシャプタル街に通いはじめたころは、作家のアナトール・フランスと恋仲だった。一八六九年のある日、セーヌ左岸のカフェで、二人の恋敵は殴りあいの喧嘩をしたらしい。フランスに見事なパンチをくらわせたのはクロのほうだった。その仕返しにフランスは『第三次現代高踏詩集』のメンバーから彼をはずした。

ピアノの前のニナ・ド・ヴィヤール(シャルル・クロ画)

スイスに滞在中は、シャプタル街の常連でもあったジャーナリストで作家のエドモン・バジールと関係をもっている。スイスを離れてイタリアに向かうタイミングでシャルル・クロがパリから呼びよせられ、再び「オフィシャル」の座に返り咲いた。

こうした人間模様は、カテュール・マンデスのモデル小説『老女の家』(一八九四)でもつぶさに描き出される。決して好意的な筆ではない。「老女」とはニナの母親のことで、ニナはステラ・デリス、クロはジョルジュ・クラム、フラン＝ラミはアンリ、バジールはアリスティッド・クトンの名のもとに登場する。いくつかのページでみられる底意地の悪さは、作家が復讐されないほうが不思議なほどである。

ニナの男性遍歴はサロンを華麗に彩ったが、また彼女の生命を縮めることにもなった。一八七七年にシャルル・クロが去ったあと、「オフィシャル」な恋人の座についたのは、一二歳も下のフラン＝ラミだった。一八八〇年のある夜、ニナのサロンに招かれた作家のギー・ド・モーパッサンは「文芸共和国」誌にこんな記事を書いている。

「フラン＝ラミただひとりが女主人の右横に座を占め、ツルゲーネフの唇に浮かんだかすかな笑みが、リラダンやマンデスや彼自身のような文豪をさしおいて、まだ二四歳の若者が栄誉ある地位を得ていることへの驚きを物語っていた」(*La Maison de la Vieille*)

しかし、まもなくラミはニナのもとを去り、二度と戻ってこなかった。すでにニナは三〇代終盤にさしかかり、コルセットをつけなかったため身体はふくれ、バストはコルサージュからはみ出ていた。茶色の髪は巨大なビルのようで、大きな黒い目は艶のない、満艦飾の顔を輝かせ……つまり、美貌ではもう勝利をおさめることはできないことは明らかだった。

ラミに捨てられたことはニナに衝撃を与えたという。次第に精神の均衡を失い、「自分は死んでいる」と思い込むようになった。

ゴンクールの日記に書き留められているモーリス・ロリナの回想は胸を打つ。「彼女に「お元気ですか?」と何回きいても答えないが、しまいに高笑いしながら「元気じゃないですよ、私は死んでいるのですから」と答える。説得しても無駄だとさとり、「そうですね、あなたは死んでいるんですね。でも、死者は蘇るでしょう?」と言うとうなずく。重ねて「では、ピアノは弾けますよね?」と言うと、彼女は我々に腕をとられてピアノの前に座り、完璧なやり方で演奏する」(前掲書)

ニナ・ド・ヴィヤール夫人は一八八四年七月二二日、精神病院で死去した。四一歳の誕生日を迎えたばかりだった。

II　シャルル・クロ

ニナ・ド・ヴィヤール夫人が死んだ一八八四年という年は、フランス文学史にとって非常に意味のある年だ。四月にヴェルレーヌの評論集『呪われた詩人たち』、五月にユイスマンスの小説『さかしま』が刊行され、文壇は一挙に象徴派・デカダン派の美学に方向転換したからだ。「デカダンの聖書」といわれる『さかしま』では、エドガー・ポーやボードレール、マラルメの『半獣神の午後』、フローベールの小説やモロー、ルドン、ゴヤの幻想絵画など、あらゆる幻想的・頽廃的な芸術がジャンルを超えて紹介されている。シャルル・クロ（一八四二―一八八八）の『恋愛の科学』も、留保つきの評価ながらヴィリエ・ド・リラダンの短編とともに取り上げられた。

しかし、クロと親しかったはずのヴェルレーヌは、ランボー、マラルメ、トリスタン・コルビエールという「呪われた詩人」のラインナップに彼を入れなかった。クロが死んだ一八八八年に刊行された増補版でも、追加されたのはリラダンとデボルド＝ヴァルモール、ポーヴル・レリアン（ヴェルレーヌのアナグラム）のみで、クロは無視された。

これは、パリ・コミューンの年から翌年にかけて起きたランボー＝ヴェルレーヌ事件でのわだかまりが関係しているのではないかと言われている（もっともヴェルレーヌは、八八年の週刊絵入り新聞「今日の人々」三三五号ではクロをとりあげ、『恋愛の科学』にも言及している）。

いわばシャルル・クロは、『呪われた詩人たち』にすら組み込まれなかった本物の「呪われた詩人」だった。詩人にして科学者という彼のスタンスが評価されるのは、一九四〇年のアンドレ・ブルトン『黒いユーモア選集』を待たなければならないだろう。

「神秘家と狂詩人」という副題をもつ澁澤龍彦『悪魔のいる文学史』（中公文庫）には、そのブルトンと並んでシャルル・クロに一章が捧げられている。

シャルル・クロ（撮影・ナダール）

「写真家ナダールの撮影した、三十七歳当時のクロス《ママ》の写真が残っているが、それを仔細に眺めると、彼の容貌の特徴がよく分る。彼は唇が厚く、もじゃもじゃの髪の毛が縮れていて、ややニグロに近いような感じの容貌の持主である（中略）。ある人の感想では、彼は「ホフマンの物語から抜け出してきた音楽家」のようであったともいう」

つまり、シューマンがピアノ組曲を作曲した楽

シャルル・クロのカリカチュア

士クライスラーのイメージだろうか。「イドロパット・クラブ」という芸術サークルの機関紙に掲載されたクロのカリカチュアもこれらの特徴をすべてそなえ、もじゃもじゃ髪にぶ厚い唇をつきだし、「発明」と書いた背嚢を背負い、手に昆虫採集の網をもってクエスチョンマークを追いかけまわしている。

彼がまたがっている魚は、シャルル・クロの名を不朽のものにしたナンセンス詩『燻製にしん』にちなんでいるのだろう。

むき、むき、むき出しの、大きな白い壁だった
高、高、高い梯子が壁にかかってた
こち、こち、こちの、燻製にしんが地面にころがってた（後略・前掲書）

……で始まる言葉あそびの詩で、当時の詩人たちを大笑いさせたらしい。詩集『白檀の小

箱』に収められ、一八七八年には、ニナのサロンの常連だったカバネルが歌曲をつけ、楽譜の表紙は恋敵のフラン＝ラミが描いている。

ヴェルレーヌの妻マチルドによれば、にしんはヴィリエ・ド・リラダンが、彼らが居候していたニコレ街一四番地(マチルドの実家)に持ってきたものだった。

普仏戦争でパリがプロシャ軍に包囲されていたころ、リラダンが燻製にしんを土産にやってきて、少し休ませてほしいと頼んだという。当時のパリはプロシャ軍による砲撃を受けはじめたころで、モンマルトルの丘にあるヴェルレーヌ家はより安全だったのだろう。レンヌ街のアパルトマンが砲撃されたシャルル・クロもヴェルレーヌ家に居候していた。ソファで寝入ってしまったリラダンをみたクロが、彼の土産を天井から吊るし、金色の魚がぶらぶらゆれているのをみながら書いたのが『燻製にしん』だという。

マチルドの回想には、やはりニコレ街に居候していた兄がクロと人造宝石の製造に熱中していたというエピソードも紹介されている。

「驚くべきことには、二人はこれに完全に成功したのでした。私の兄は長いこと、この包囲中に製造された、本物の小さなルビーを一個、大事に持っておりました。でも費用を計算してみると、本物のルビーを買うよりもはるかに高くつくので、この物好きな発明は、あんまり実用的とはいえません」(前掲書)

パリ大学では医学を学んだシャルル・クロが詩を書きはじめるのは、ニナ・ド・ヴィヤール夫人のサロンに通うようになってかららしい。一八六九年八月には「ノクターン」の一部が「アルティスト」に掲載され、それからも次々に同誌に詩が発表される。同年五月には『第二次現代高踏詩集』に二篇が掲載されることが決まっている(刊行は七一年)が、これらはニナの働きかけによるものではないかと言われている。

一八七三年にはそれまでの詩篇を集めた第一詩集『白檀の小箱』が刊行された。当時ニナ親子とニースに滞在していたクロは、彼女に贈った一冊に自筆でこんな献辞を書きつけている。

お前の蠱惑的な夏の香水
他の香りの中でただひとつ残った
この小箱の底を探すとき
いくつかの花びらは枯れていたが
ニナ、お前に宛てたものは少しもそうではなかった
これを受け取って、贈り主を誇らしい気持ちにさせておくれ

一八七九年には、新たに四〇篇を追加し、構成も大幅に改編した増補版が出ている。

発明のほうは、詩作ほどうまくいかなかった。一八六七年のパリ万博には「自動電信装置」を出品し、同年末にはフランスの科学アカデミーに「色彩、形体、運動の記録と再生の手法」という論文を送っている。これが、写真協会に提出したカラー写真に関する「三色写真法」に発展したが、わずか二日の差で他人に先を越されてしまう。

一八七七年四月には「聴覚によって知覚された現象の記録と再生の手法」という論文を科学アカデミーに送っている。「パレオフォン」と名付けた蓄音機の原理で、現在のレコードとほぼ変わりないディスク式によっている。この時点ではアメリカのエジソンに半年先んじていたが、特許をとるのはエジソンの「フォノグラフ」が先だった。

シャルル・クロといえば、蠟管再生機「イドロパット・クラブ」のカリカチュアのように、役にも立たない荒唐無稽な発明に血道をあげて失敗つづきというイメージがある。しかし、福田裕大『シャルル・クロ　詩人にして科学者』(水声社)を読むと、彼の詩作も発明も、「知覚」の解明という、一本筋の通った壮大な探求の異なったあらわれだったことがわかる。

同書で紹介されている中で、まだ十代のクロが、医師免許をとったばかりの兄のアントワーヌと共同で「ピアノ演奏記録装置」を開発したというエピソードはおもしろい。

若いころのクロは、ピアノの即興演奏が得意だったらしい(そういえば、彼の詩には「レント」「ノクターン」「スケルツォ」など、音楽用語を使ったタイトルもみられる)。その能力に注目したアントワーヌは、束の間のインスピレーションを数値的に捉えてみようというアイディアを出す。その方法とは、「鍵盤のひとつひとつと連動した書記装置を通じて打鍵の運動を記録紙上に単純な記録として書き付けていく」というものだった。鍵盤上を目にもとまらぬ早業でかけぬけるピアニストの打鍵スピードを記録することは誰でも考えるだろうが、彼らの目的は単なる技術開発ではなく、即興演奏を人間の感覚や知覚が機能する際のモデルケースとして捉えることにあった。

私たちピアニストも、演奏している際のイマジネーションについてよく尋ねられる。我々の役割は、すでに書かれた楽譜を再現することだが、作曲家のインスピレーションに自分のインスピレーションが照応し、客席から発せられるエネルギーとも相まって、うまく共振したときはいいしれぬ快感を味わう。

それはあくまでも感覚的なもので、言語化できないし、ましてや数値化もできないのだが、だからこそ、享受する聴衆に起きることも含めて、音楽現象がもたらすものの科学的な査証に惹かれる。

たとえば、自分が真のインスピレーションによらずに演奏したとき、他人の演奏でも、そこまでのものを感じなかった場合、それはどこがどう違うのか。また、自分にとっては真実ではない演奏に反応する聞き手とのギャップは奈辺にあるのか。

自分では即興はしないが、ジャズなどのインプロヴィゼーションを聴くときも、音楽が飛翔してかつて経験したことのない宇宙的なひろがりを感じるときと、どこかどうどうめぐりしている印象、すでに経験したものの二番煎じのように聞こえるときがある。

それはどうしてか、何が違うのか。ずっと考え続けてきたので、「束の間のインスピレーションを数値化する」クロ兄弟の実験はとても興味深いものに思われた。

のちに「外的な世界と観察者の感覚との関係が、ただ律動的・形態的な知覚の様態のみによって説明されうる」という大胆な「形而上学」を打ち立てたアントワーヌは、弟の発明について次のような言葉を残している。

「シャルルにとって、この考え——それは私のものだったのだろうか、それとも私たちのものだったのだろうか——は、彼の驚嘆すべき発明の幾つかのものにとっての端緒となった。なにより自動電信装置、そして色彩写真、そして蓄音機、そして無線送信についての原初の概念、などなどである」(福田裕大『シャルル・クロ　詩人にして科学者』)

知覚を数値化するクロの試みは、澁澤龍彦が『幻想怪奇短篇集』に入れた『恋愛の科学』(一八七四)にもあらわれている。

莫大な遺産を受け継ぎ、科学への熱烈な趣味をもつ主人公は、重力や熱や電気や磁気や光について研究するかわりに、自分の身を使って恋愛について研究しようと思い立つ。

といっても、「ただ楽しむばかりで記述するということを知らないドン・ファンの態度」でもなく、「やたら感傷的になって冷静な目を曇らせてしまう文学者の態度」でもなく、あくまでも数値で恋愛を計ろうというのである。

このあたりは、ジャズのインプロヴィゼーションを数値化しようとした若き日のクロ兄弟の実験と共通する。

ある女性と親しくなった主人公は、まず互いの写真を交換し、自分の写真はペンダントに仕立てて、象牙板とエナメル板の間に最高寒暖計と最低寒暖計をとりつけた。

「かくしてぼくは、恋愛感情によって影響された有機体の常温の変化を検査することができたのです」(『恋愛の科学』澁澤龍彦訳)

とりつけただけでは測定できない。主人公は、口実をつくってペンダントを返してもらい、体温をメモするとまた返した。ある舞踏会の席上、主人公が別の婦人と二回もつづけて踊ったときは、体温はまず低下し、ついで上昇したという。嫉妬の数値化である。

ついで、女性の両親と仲違いしたとウソをつき、女性を駆け落ち同然の旅行に連れ出す。汽車に乗るとすぐ、主人公は彼女の「第十肋骨と第十一肋骨とのあいだに長期回転心臓搏動計を巧みに仕掛けておいた」。男性の抱擁は弱々しい拒絶を受けたが、心臓搏動計の数値はそれを見事に裏切っていた。さらに寝室では衣服にリトマス試験紙を仕掛けて、抱擁の間の汗の反応を計ったところ、それはつねにきわめて強い酸性を呈したという。

『恋愛の科学』が「両世界評論」誌に発表されたのは一八七四年四月のことである。翌七五年六月、『女性の性格を変える機械』と題したクロの詩劇が、ニナのサロンで上演された。演じたのはニナとクロ自身だったという。

クロの小説の主人公は、愛してもいない女性を意のままに操ってせっせと生理的な反応を数値化していくのだが、実人生では反対で、女性の性格を変えるどころか、意のままにならない恋人ニナ・ド・ヴィヤールにふりまわされつづけだった。

『女性の性格を変える機械』が上演された七五年冬には、「ニナはあまりにも不誠実なやり方で君を裏切りつづけている」というモーリス・ロリナの忠告でいったん別れたものの、またよりを戻し、翌年春にはまた別れ、また和解し、八月にはクロがジャン・リシュパンに嫉妬してまた別れ……ということをくり返し、七七年の夏の終わり、ようやく最終的に決別した。

ニナが作曲家のアイリ・ギイスに心移りしたのが原因だが、翌年五月、クロはあてつけのように結婚し、息子が生まれている(ギー・シャルル・クロも詩人になり、堀口大學の『月下の一群』では、なんと一九篇もの詩が翻訳されている)。

恋愛の挫折に、研究の挫折が重なる。クロが「パレオフォン」と呼ぶ蓄音器の原理についての論文を科学アカデミーに送ったのが一八七七年四月、ライバルのエジソンがイギリスで蓄音器の特許をとったのが同年七月。フランスで特許を得たのが一二月。七八年三月、エジソンはフランスに代理人を送り、パリの科学アカデミーで蓄音器の聴取テストを行い、大成功をおさめている。あきらめきれないクロはアカデミーに手紙を書き、自分の優先権を主張したが認められなかった。

失意のクロが足しげく通ったのは、一八七八年に発足した芸術サークル「イドロパット・クラブ」であり、八一年に開店した文学キャバレ「黒猫」だった。

前者はカルティエ・ラタンの文学サークルで、創設者は詩人・作家のエミール・グードー、作家のポール・ブールジェ、ジャン・リシュパン、詩人のジュール・ラフォルグ、のちに「ラ・ヴォーグ」や「独立評論」を編纂することになる詩人のギュスターヴ・カーン、数秘学者シャルル・アンリなどが集い、自作を披露し、シャンソンを歌い、即興の韻律詩遊びに興じた。

「黒猫」のほうは、モンマルトルのロシュシュアール通り八四番地の頽廃的文学キャバレで、店主は酒屋の息子でもあった画家のロドルフ・サリス。安価でたっぷり酒が飲めたので人気があった。

澁澤龍彦『悪魔のいる文学史』によれば、シャルル・クロは毎晩決まって五時に姿をあらわし、「自分用のアプサント酒を、細心綿密な手つきで調合する。それからカウンターにもたれ、ローラン・タイヤードの表現によれば、「マッチを擦れば燃えあがりそうなほどアルコールの浸みこんだ身体」で、友人たちが舞台で詩を朗読したり、もうもうたる煙草の煙のなかで、議論したり歌ったりしているのを、うつろな眼でぼんやり眺めているのである」。

酒がまわってくると、眼をキラキラ輝かせながらふらりと立ち上がる。すかさず店主のサリスが「諸君、お静かに。大詩人シャルル・クロス《ママ》さんです」と紹介し、客席から『燻製にしん』の朗読を所望する声がかかる。

『燻製にしん』を愛誦した俳優のコクラン・カデ(弟)からは、「黒猫」のようなスペースで演じるための寸劇を注文された。一世を風靡したモノローグ芝居のはしりと言われている。二一篇中八篇が『フランス一九世紀末文学叢書』(国書刊行会)の第一二巻に収録されているが、たとえば「あべこべの足を持つ男」など、本人の思惑とはことごとく正反対に運ばれてしまう隔靴掻痒ぶりが、そのままクロの人生を象徴するかのようだ。

蓄音器やカラー写真を発明し、「演奏記録装置」を開発し、『恋愛の科学』で知覚を数値化してみせた詩人にして科学者は、こんにちフランスのレコード大賞のひとつ「アカデミー・ド・シャルル・クロ」にかろうじてその名を残している。

III　ニコレ街一四番地

パリの地下鉄四号線をシャトー・ルージュ駅で降り、キュスティーヌ通りをのぼり、交差するラメ通りを少し戻って右折したあたりに、ニコレ街という小さな通りがある。治安の悪い一八区にしては瀟洒な町並みだ。

アパルトマンの壁には何やら肖像画らしきペンキ絵が描かれている。細面の怒ったような顔だちは、アルチュール・ランボー。禿げかけた額とは裏腹にもじゃもじゃの口髭を生やしたポール・ヴェルレーヌ。そして、やや横を向いたふくよかな女性はその妻マチルド。

ニコレ街一四番地は、これらの人々たちが登場する文学史上名高いランボー＝ヴェルレーヌ事件の舞台になったところなのだが、道行く人々はほとんどその事実に気づいていないようにみえる。無理もない。もう一五〇年以上前のことなのだから。

そしてまた、当時九歳のクロード・ドビュッシーがその家にピアノのけいこに通い、事件の目撃者になったことは、さらに知られていない。無理もない、音楽と文学の壁は厚いのだから。

発端は一八六九年六月に遡る。ニナ・ド・ヴィヤール夫人のサロンで上演するために喜劇風小歌劇『ヴォコシャール』を構想したヴェルレーヌは、サロンの常連だったエマニュエル・シャブリエに作曲を頼んでいた。四月に台本はできあがったが、かんじんのシャブリエは一向に音楽を書いてくれない。そこでシャルル・ド・シヴリーに頼むことにしたが、これまた何週間待っても曲ができない。六月にはいったある晩、じれたヴェルレーヌはシヴリーが住むニコレ街一四番地の家を訪れる。

　前の晩夜通しニナの家でピアノを弾いていたシヴリーは起きたばかりだったが、着替えて友と外に出ようとしたとき、兄のことを心配したマチルドが部屋のドアをノックした。

シヴリーは妹にヴェルレーヌを紹介する。二人は、正確に言えば初対面ではなかった。その前年、マチルドは彫刻家ベルトー夫人のサロンで上演された兄のオペレッタを聴きに行っているが、そこにはヴェルレーヌも出演していた。兄に連れられてニナのサロンに行ったときも、ヴェルレーヌと顔を合わせていたらしい。

マチルド・モーテ

　兄からヴェルレーヌの『土星人の詩』と『雅びなる宴』を渡されていたマチルドは、「詩人」に夢中になった。ヴェルレーヌも恋に堕ち、早速『土星人の詩』に熱烈な献辞を添えてマチルドに贈っている。

その後両親の反対など紆余曲折があったが、一八七〇年六月、ヴェルレーヌとマチルドは婚約し、七月に二人の恋愛を歌った『優しい歌』が刊行された。フランスとプロシャの間に普仏戦争が勃発したのは七月一九日のことである。ヴェルレーヌは動員を免れたため、八月一一日、ニコレ街の家でささやかな結婚式がとりおこなわれた。

一年後の一八七一年八月、ヴェルレーヌのもとに少年詩人アルチュール・ランボーからの手紙が届く。普仏戦争の敗北、第二帝政の崩壊、パリ・コミューンの乱と激動の一年だったが、新聞局長としてコミューン側に加担していたヴェルレーヌも、逮捕を恐れて妻の実家に身を寄せていた。

当時一六歳のランボーは、シャンパーニュ地方のシャルルヴィルで厳格な母親と信心深い二人の妹との生活にうんざりしており、高等中学の教師も話相手にならなかった。普仏戦争で学校がなかった時期とパリ・コミューンの時期に出奔を企てたが、すぐに送り返された。高踏派の首領テオドール・ド・バンヴィルとコンタクトをとったこともあるが、自分がめざす詩の革命にはふさわしくない、ぜひともパリに出て生活したいので援助してほしい……という手紙とともに、最近の詩作が添えられていた。

一読して非凡な才能を感じたヴェルレーヌは、ニナのサロンに集う詩人たちのサークル「醜いが気の好い男たち」の面々に相談した。反応はさまざまだったが、すでに夢中になっていたヴェルレーヌはランボーに手紙を書き、「あなたの狼狂症の臭いのようなものを感じています」と記している。

義母に相談したところ、三階の「下着部屋」なら受け入れてもよいと言われた。そこは、シャルル・ド・シヴリーの部屋の隣で、臨時に友達を泊める場所でもあった。ちなみにシヴリーは、パリ・コミューンの巻き添えでサトリーの監獄に収監されていた。ヴェルレーヌは、「醜いが気の好い男たち」の面々から集めたカンパを送り、「すぐに来たまえ、親愛なる偉大なる魂よ、皆があなたを呼び、あなたを待ちわびている」と手紙を添えた。

旅費を受け取ったランボーは、到着日と時刻を知らせてきた。ヴェルレーヌはシャルル・クロをともなって東駅に迎えにいくが、うまく会えず、帰宅してみると、妻のマチルドと義母が先に到着したランボーを前に当惑しきっていた。

マチルドはその回想録の中で「赤ら顔の、大柄でがっしりした、百姓のような少年」で、青いまなざしには人を不安にさせるものがあったと記している。もじゃもじゃの髪、よれよれのネクタイ、しわくちゃの服といっただらしない身なりとぎごちない態度は、プチブルジョワの家庭にはまったくふさわしくなかった。

ふるまいも、まったくふさわしくなかった。一家の主人の象牙の十字架や狩猟ナイフが盗まれた。頭は虱だらけで、玄関の石段に寝そべって日なたぼっこしていたりする。

ヴェルレーヌが紹介した詩人たちのグループの間でも評判が悪かった。「醜いが気の好い男たち」の晩餐会で「高踏派の扉を力ずくで開けるために」作ったという『酔いどれ船』を朗読したところ、メンバーたちは当初「驚くべき力と退廃とにあふれたその想像力」に魅了されたが、日がたつにつれて「病的な錯乱」がうとまれるようになる。

バンヴィルの家も訪問したが、巨匠が「あなたの『酔いどれ船』、あれはすぐれたものですけど、ただ、「おれは一艘の船であり……」と最初から言った方がよかったとは思いませんか」と忠告したのですっかりランボーを怒らせてしまった。

ヴェルレーヌは、ランボーを写真家のカルジャのアトリエにも連れていった。細面で口を一文字に結び、髪を風になびかせ、わすれな草色のまなざしを彼方に向ける唯一無二のポートレイトはこうして撮影された。

ランボーが出現して以来、常に出歩き、帰りが遅く、酩酊状態の夫をみたマチルドは、やっかい者をすぐさま追い払いたいと思った。

最初にランボーの面倒をみたのは、シャルル・クロだった。若い画家と共同で借りていたアトリエに住まわせることにし、親切なバンヴィルがベッドや毛布、洗面道具を運ばせた。しかし、ランボーが、自分の詩が掲載された「アルティスト」誌のバックナンバーをひきちぎり、あろうことかちり紙がわりに使ったことを知ったクロは怒り、ランボーは姿を消した。あちこち探し回ったヴェルレーヌは、やせこけ、憔悴しきって浮浪者たちの群れの中にいるランボーを発見する。

ところで、「アルティスト」で裂かれたページに載っていた詩が『(ヴァイオリンの)弓』だったというのは、偶然にせよおもしろい。というのは、パリ音楽院の学生時代のドビュッシーが、この詩をテキストに歌曲を書いているからだ。

彼女は美しいブロンドの髪をしていた
八月に収穫される麦のように　とても長く
そのかかとに届くほどだった

死にゆく恋人は彼に、「私の三つ編みで弓を作って　他の愛人たちを魅惑して頂戴」と頼む。彼は彼女の髪で弓をつくり、クレモナのヴァイオリンを奏でた。その音には、死んだ女の歌声が息づいていた……。

ドビュッシーが『弓』を作曲したのは一八八一年―八二年ころ。さかんにバンヴィルの詩で歌曲を書いていたころだ。貧しい家に生まれ、小学校にも通っていないドビュッシーが音楽の道を進むことになるのは、普仏戦争がもたらす数々の偶然が重なった結果だった。

普仏戦争が勃発したころ、パリ二区の石版業の店につとめていたドビュッシーの父親は、戦争のために職を失い、一八七〇年一二月はじめ、パリ一区の区役所に転職する。そこはのちにパリ・コミューンの乱を起こす労働者組織の拠点だった。

翌年一月一八日にヴェルサイユ宮殿でプロシャ国王の戴冠式がおこなわれ、ドイツ帝国が誕生した。三月一日にドイツ軍がパリに入城し、シャンゼリゼ大通りを行進する。

家族をカンヌに疎開させたドビュッシーの父親は、三月一五日に国民軍に入隊。三日後にパリ・コミューンの乱が起き、政府側はいったんヴェルサイユに退却するが、五月二一日にパリ城内に突入し、「血の週間」ののち国民軍は敗北。ドビュッシーの父親も捕らえられてサトリーの監獄に収監される。七月二〇日、そこにシャルル・ド・シヴリーが送りこまれてきた。彼の結婚を恨んだ元情婦の密告だったらしい。マチルドによれば、ドビュッシーの父親はここでシヴリーに出会った。

母親とともにカンヌに滞在していたドビュッシーは、土地のヴァイオリン弾きによって音楽の手ほどきを始めていた。おそらく、「耳が良い」というような鑑定がなされたのだろう。父親から息子の音楽の勉強について相談されたシヴリーは、自分の母親を紹介しようと言い出したようである。

ドビュッシー自身は、次のように回想している。

「父は、私をボルダ号にやるつもりでした。ところがある人に出会って……。どうしてそうなったのか、私には分かりませんが、「ああ！　この子はそれを弾くのか？　完璧だ。——でも、音楽を勉強させなきゃいけない……」というような話になって……。それで、父は音楽について何も知らない人がよくやるように、もっぱら音楽の道だけを進ませることに固執したのです」（『セガレン著作集3』木下誠訳、水声社）

モーテ夫人というシヴリーの母親は、一説にはショパンの門下生と言われるピアノ教師で、自宅で弟子をとっていた。こうして、一八七一年秋、九歳になったばかりのドビュッシーがニコレ街一四番地にやってくる。

モーテ夫人

ドビュッシーのけいこが始まったころ、ランボーはまだニコレ街にいたのだろうか。少なくともピアノの先生が、娘が巻き込まれた騒動に悩まされていたことはたしかだ。

時系列で追ってみよう。ランボーが上京し、ニコレ街に住みはじめるのが九月中旬。乱暴狼藉のかぎりを尽くして追い出されるのが一〇月上旬から中旬。二〇日ごろ、シャルル・ド・シヴリーがサトリーから解放され、ニコレ街に戻ってきた。ランボーはもう立ち去っていたが、夕食に招かれてシヴリーに紹介された。マチルドは、兄がランボーによくない印象をいだいたようで素っ気ない態度を取っていたと回想している。

一〇月二三日、臨月のマチルドは外出中に気分が悪くなり、辻馬車を拾って家に帰って静養していた。ヴェルレーヌは妻をなぐさめるために、シャルルヴィル時代のランボーが本屋で新刊本をくすねて家に帰り、読んでから店に戻していたという話をきかせた。ヴェルレーヌにしてみれば笑い話なのだが、マチルドはもちろんそうは受け取らなかった。子供がもうすぐ生まれるというのに一日中家をあける夫にがまんがならなかった彼女は、目に涙をため、「自分よりドロボウが好きなのか」となじる。かっとなったヴェルレーヌは臨月の妻をベッドから突き落とした。幸いなことに、一週間後、元気な男の子が生まれた。

一一月はじめ、シャルルヴィル時代の親友エルネスト・ドラエーがランボーを訪ねてニコレ街にやってきた。迎えたヴェルレーヌは、ランボーのいるところに案内しようと言って、サン＝ミッシェル街の異人館に案内する。

四階に、シャルル・クロが結成した「セルクル・ジュティック」があった。「ジュット」というのは、フランス人がよく口にする「ちぇっ」というような意味で、あまり品のよい言葉ではない。「醜いが気の好い男たち」のメンバーが行けば、カフェより安価でアブサン（にがよもぎのリキュールで、当時の詩人たちがよく飲んだ)やラム酒、コニャックを飲むことができた。「アルバム・ジュティック」というサイン帳に、各々ざれ歌やデッサンを描きつけた。ニナ・ド・ヴィヤール夫人のサロンにも出入りしていた音楽家のカバネルが支配人役をつとめた。ドラエーがこの「セルクル・ジュティック」にランボーを訪ねたとき、詩人は長椅子の上でハッシッシュ(阿片)を吸っていたという。

同じころ、サトリーに投獄されていたドビュッシーの父親は軍法会議にかけられ、一八七一年一二月一一日に判決が下った。銃殺こそ免れたものの、四年間の懲役というきびしい裁定だった。働き手を失った一家は年の暮れ、ピガール街五九番地の貧しい屋根裏部屋に引っ越す。

この番地は、シャルル・ド・シヴリーが新妻と住んだロシュフーコー街六四番地の真正面なのである。これは偶然ではあるまい。ドビュッシーは貧しく、パリ音楽院の入試を準備している。おそらく、一家が身を寄せていた屋根裏部屋にピアノはなかったろう。とすれば、シヴリーが自分の家に呼んで練習させたであろうことはじゅうぶんに推測できる。

ニコレ街のほうは大変なことになっていた。

年明けの一月一三日、酔って帰宅したヴェルレーヌはささいなことでマチルドと口論になり、幼い赤ん坊を壁に打ちつけ、妻の首をしめるという狼藉におよんだ。この騒動で夫妻はいったん別居し、マチルドはランボーを故郷に送り返すなら戻ろうと言った。ヴェルレーヌがモーテ家の味方をしているのが気にくわなかったランボーは、「醜いが気の好い男たち」の晩餐会で口論したあげく、仕込み杖で出席者に切りかかるという事件を起こした。

ランボーが故郷に帰っている間は夫妻の間にも平安が戻ったが、戻ってくるとまた暴力が始まる。ヴェルレーヌはマチルドの髪に火をつける。ナイフや包丁で友人たちに切りかかることもある。もう末期現象だった。七月七日、病気で臥せっているマチルドをおいて、ヴェルレーヌはランボーとブリュッセルに出奔する。

事実を知ったマチルドは、アントワーヌとシャルル・クロ兄弟の家に相談に行く。モーテ家の主治医でもあったアントワーヌは、アルコールのために精神の均衡を損ねているだけではないか、という見解だったが、シャルルは、出奔する数週間前、ランボーがヴェルレーヌを抜き身の短刀でひどく傷つけたこと、自分はそのときはうまく逃れたが、ランボーとカフェにいるとき、注文したビールが硫酸にすりかえられていたことなどを話す。

その後の夫妻の離婚問題についても、シャルル・クロは一貫してマチルド側についていた。ヴェルレーヌが『呪われた詩人たち』にクロを入れなかったのも、こうした個人的な恨みがかかわっているのかもしれぬ。

こんな騒動の中でもモーテ夫人はドビュッシーに無償でレッスンをつけ、一年足らずの指導でパリ音楽院を受験するレヴェルまで引き上げた。一八七二年一〇月二二日、ドビュッシーは見事ピアノ科の本科に合格する。一五七人の受験生のうち合格者は三三人しかいなかった。

それは、モーテ夫人がマチルドの付き添いでブリュッセルに娘婿を連れ戻しに行ってから三カ月後、夫妻の離別調停の裁判が開かれてから六日後にあたっていた。

IV　ポーリーヌ・ヴィアルド

「アルティスト」誌に載ったニナ・ド・ヴィヤール夫人のパリ・デビュー演奏会の批評には、彼女がアンリ・エルツやアントワーヌ・マルモンテルとともにオペラ歌手ポーリーヌ・ヴィアルドにもピアノを習ったと書いてある。

一八四三年生まれのニナは、一三歳からサロンなどで演奏していたという。ニナ一家が一八五九年から住みはじめたシャプタル街は、ポーリーヌ・ヴィアルドが一〇年前から住み、やはりサロンを開いていたドゥエ街から数百メートルしか離れていなかったから、大いにありうることだ。

ポーリーヌ・ヴィアルド(一八二一―一九一〇)の名前は、とりわけショパンとのかかわりで語られることが多い。ジョルジュ・サンドにかわいがられた彼女は、ピガール街やサン＝ラザール街のサロンに招かれてショパンのピアノで歌い、ノアンの館にも滞在し、ショパンのマズルカを歌曲に編曲し、パリやロンドンでショパンのコンサートに賛助出演した。

しかし、ポーリーヌの飛躍は、むしろショパンの死の年に始まっているように思う。一九四九年四月には、彼女を主役に想定して書かれたマイアベーア『預言者』を初演し、ベルリオーズによって「古今最大の芸術家」と絶賛される。その年に開いたサロンからはサン＝サーンス、フォーレを世に出した。

彼女はまた、ロシアの文豪ツルゲーネフに愛され、クララ・シューマン、ドラクロワ、フローベール、リスト、チャイコフスキーと親交をむすび、シューマンからは『リーダークライス』、ブラームスには『アルト・ラプソディ』を献呈され、一八五九年にはベルリオーズ編のグルック『オルフェとウリディス(オルフェオとエウリディーチェ)』を初演している。

ポーリーヌ・ヴィアルド

こうした成功は、少なくともポーリーヌがたぐいまれな容貌で勝ち取ったものではないことは明らかである。彼女については、『オルフェ』の際の舞台写真が残っているが、舞台化粧をほどこしてすらも美しいとはいいがたい。肖像画は多かれ少なかれ美化されているが、たとえばサンドの息子モーリスがショパンにピアノの指導を受けるポーリーヌの様子を描いたカリカチュアでは、垂れた大きな目は瞼が半分閉じ、厚い下唇が突き出ていて、あごはひっこんでいる。声も、声域こそ広いが特異なものだったという。

大変残酷なことに、一三歳年上の姉マリブランは美貌と美声を兼ね備えており、ポーリーヌは姉の影に隠れて育った。ポーリーヌが声楽家として立つ決心をしたのは、一八三六年、姉が落馬事故がもとで二八歳の若さで亡くなった折りのことだという。

一八三八年一二月にルネサンス座でパリ・デビュー、三九年五月にロッシーニの『オテロ』(もちろん、ヴェルディではない)のデズデモナ役でロンドン・デビューを飾った。その場でパリのイタリア座の支配人、ルイ・ヴィアルドから一〇—一一月の公演への出演を依頼され、デズデモナ役、サンドリヨン役(マスネ『サンドリヨン』)、ロジーナ役(ロッシーニ『セビリアの理髪師』)を歌い、四〇年二月にはロッシーニ『タンクレディ』のタイトルロールを歌っている。その年、ルイ・ヴィアルドと結婚。夫のマネジメントに支えられて活動をつづける。

ショパンは一八三一年にパリに出てきたころ、イタリア座に通いつめ、ポーリーヌの姉マリブランの歌に聞きほれている。妹にも関心をいだいていたが、彼女がパリ・デビューを飾った一八三八年にはサンドとともにマジョルカ島に滞在していたし、フランスに帰国したのちもノアンで静養していたので、三九年一〇月八日のイタリア座デビューも観に行けなかった。

その三日後、ショパンとサンドはパリに戻り、ルイ・ヴィアルドと親交のあったサンドはポーリーヌと文通を始める。

ポーリーヌは一八四〇年一二月一二日にアンヴァリッドで開催されたモーツァルト『レクイ

エム』でアルトのソリストをつとめたが、このときサンドは彼女に手紙を出し、「二日前からショパンはあなたの歌をきける方法を探しているけれど、まだいつになるか、どの劇場かわかりませんが、もっとも大規模な機会を熱望しています」と書いている。

一八四一年四月二六日、ショパンはプレイエル・ホールで久しぶりのリサイタルを開くことになり、一八日、サンドは、公演のためロンドンにいたポーリーヌに手紙で知らせる。

「たいへん、大大ニュース――シップ・シップ坊や(ショパン)が大大大大々的なコンサートをやるの。長いこと友達にやいのやいの説得されて、それでやっとその気になって」(バルバラ・スモレンスカ゠ジェリンスカ『決定版ショパンの生涯』関口時正訳、音楽之友社)

このコンサートは大変評判がよかったので、四二年二月二一日、同じホールで再びコンサートが開かれ、今度はポーリーヌ・ヴィアルドも共演した。ショパンは『バラード第三番』、四つの『夜想曲』と四つの『練習曲』、前奏曲一曲、即興曲一曲、マズルカ一曲を演奏。ポーリーヌは第一部で数曲のアリアを歌ったほか、プログラムの最後をラ・フォンテーヌの歌詞による自作の歌曲『樫の木と葦』で締めくくり、ショパンがピアノを受け持った。

ポーリーヌは三九年一〇月からサンドが住んだピガール街一六番地、四二年七月からはオルレアン広場のサロンに招かれ、ドラクロワ、リスト、タールベルクらと夜会を楽しんだ。

「この陽気さが静まったとき、ショパンはヴィアルド夫人をピアノの前に招き、メキシコのメロディを歌わせた」と、出席者の一人キュスティーヌ公爵は語る。「それらの歌は忘れがたいものだった。鶯の鳴き声のようにモノトーンで、惹きつけられる。すばらしい以上の演奏だった。すっかり魅了されたサンド夫人は、ヴィアルド夫人の頭を両手でかかえ、抱擁し、賛美し、称賛したあと、自分の膝の上に彼女をのせた」(Patrick Barbier, *Pauline Viardot*, Grasset)

ショパンとサンドが一八四〇年をのぞき毎年夏を過ごしたノアンの館でも、ポーリーヌは常連だった。ショパンは、ベッリーニの『ノルマ』を歌うポーリーヌのために、「清らかな女神」の伴奏を編曲したり移調したりした。

夜になると、サロンでは小さな即興のコンサートが開かれた。サンドの友人の一人は次のように回想している。

「ノアンでは秀でた芸術家、とりわけショパンとヴィアルド夫人の演奏を聴く喜びを味わった。彼女は一九歳(実際には二〇歳以上)で、すでに名声が高まりつつあった。彼女がピアノの前に座り、第一声がひびいたとき、あまりに感動したので、涙が頬を伝ったのにも気づかないほどだった。サンド夫人は私のとなりにいたが、突然腕をとってヴィアルド夫人の前におしやった。「ほら、すっかり熱くなった人を連れてきましたよ」と言いながら」(前掲書)

サンドの代表作と言われる『歌姫コンスエロ』は、ポーリーヌをモデルに一八四二年から四三年にかけて書かれた。

一八四五年の六月、ポーリーヌは夫から離れて三週間ノアンに滞在した。彼女は長いこと、ショパンにオリジナルの声楽作品を書いてもらいたがっていた。この滞在中に、サンドの息子モーリスはポーリーヌがピアノの前に座り、ショパンがその前に立ち、リストの演奏について、とりわけピアノを歌わせる方法について説明している光景をデッサンしている。ポーリーヌはショパンのマズルカを歌曲に編曲する作業をすすめていた。

とても残念なことに、このすばらしい時間も、サンドとショパンの別れによって終わりを告げた。ポーリーヌは何とかサンドを思い止まらせようとしたがうまくいかなかった。別れたあとも、サンドはポーリーヌを通じてショパンの情報を得ていたようである。

一八四八年七月七日、ロンドンのオペラに出演していたポーリーヌは、イギリス滞在中のショパンのコンサートに特別出演し、マズルカを編曲した歌曲を数曲歌っている。

ショパンは一八四九年一〇月一七日に亡くなり、三〇日にマドレーヌ教会で葬儀が営まれた。ポーリーヌは、モーツァルト『レクイエム』のソリストをつとめている。

ショパンが亡くなった年からクリシー広場近くのドゥエ街二八番地に居を定めたポーリーヌは、木曜日と日曜日に名高いサロンを開くことになる。日曜日は音楽夜会で、ポーリーヌ自身の作品はもとより、サン＝サーンスの『サムソンとデリラ』などのオペラ、ヘンデルやメンデルスゾーンのオラトリオの一部などが奏された。

ドゥエ街のサロン

一八五三年のサロンの様子を描いた木版画には、カヴァイエ・コル製作のパイプオルガンを奏でながら歌うポーリーヌと、横に立って見守るルイ・ヴィアルド、オルガンの前に座る子供たち、そして演奏に聞き入る多くの聴衆がみてとれる。集ったのはサン＝サーンス、ロッシーニ、グノー、ベルリオーズ、ワーグナー、リストらの作曲家、ツルゲーネフ、フローベール、ミュッセ、サンドらの作家、アングル、ドラクロワ、ポーリーヌに秘かに恋こがれるアリー・シェフェールらの画家だった。

一八五五年一月二〇日付のドラクロワの日記には、電報のような短い文でドゥエ街訪問の様子が記されている。

「ヴィアルド家。グルックの音楽が夫人によって見事に歌われた」

一八六〇年には、『タンホイザー』初演のためパリに滞在していたワーグナーが、一万フランを出資したカレルジ伯爵夫人に感謝の意を表するために、ポーリーヌのサロンで『トリスタンとイゾルデ』の第二幕を上演した。ミュンヘン初演の五年前のことである。作曲者みずからトリスタン役を歌い、ポーリーヌがイゾルデ役、カール・クリングウォースがピアノを弾いた。

伯爵夫人を除いて唯一の聴衆はベルリオーズだったという。

ポーリーヌのサロンの錚々たるメンバーのうち、ロシアの文豪ツルゲーネフの名はやや意外な印象を与えるかもしれない。出会いは、ポーリーヌが参加したイタリア座のロシア遠征の折りのことだった。

一八四三年九月、イタリア座は帝国ロシア劇場と契約をむすび、ポーリーヌは来るべきツアーの首席ソプラノ、メゾソプラノ歌手として雇われる。一〇月、ルイとポーリーヌは陸路でサンクト・ペテルブルクに向かう。当時の首都の人口は五〇万人でパリの約半分だった。公演は大成功で、とりわけポーリーヌがベッリーニ『夢遊病の女』を歌ったときは、ニコライ一世夫妻が列席し、皇后が盛大な拍手を送ったことで話題になった。一八四三年一二月三一日付の「ラ・フランス・ミュジカル」紙は、ヴィアルド夫人は「国の女王になった」と書いている。

休憩中に、文学者や音楽者のグループが彼女の栄誉を讃えるべく楽屋にやってきた。その中に未来の文豪イヴァン・ツルゲーネフもいた。ポーリーヌの歌に魅せられたツルゲーネフは、友人たちを誘い、何回も桟敷席に通った。

「ツルゲーネフのヴィアルドーへの恋には私もうんざりしました」と、同席した作家のパナーエヴァは語る。

「劇場の席を予約する金がないものですから、招待もしないのに、彼は私と知人が割勘で予約した席にもぐりこむのでした。三等席の私たちの席はそうでなくてもぎっしりといっぱいなのに、ツルゲーネフのあの大きな図体が多くのスペースを取るものですから、それこそ大変でした。お金を払ったお客たちは、彼の幅広い背中にはばまれて、舞台の様子が見えないでいるのに、彼は失礼にものうのうと坐りこんでいたのです。でも、それだけではないのです。ツルゲーネフはヴィアルドーの歌に気違いのように拍手をし、大声で讃嘆するものですから、隣席から文句が出る始末でした」(佐藤清郎『ツルゲーネフの生涯』筑摩書房)

このときポーリーヌは二二歳でツルゲーネフは二五歳。ポーリーヌは小柄だったがツルゲーネフは巨軀で、ベルリオーズに似た優雅な美男子、知性と教養にあふれ、完璧なフランス語を話した。ツルゲーネフは彼女の忠実な騎士になった。プライヴェートな会話を通して、彼女のユニークな人柄はロシアには見当たらないと感じた。彼女を通して西洋社会、とりわけフランスへの憧れを満たしていた。ポーリーヌも、見知らぬ人の深い教養と煽情的な魅力に惹かれたが、不思議なことにジョルジュ・サンドへの手紙には何ひとつこの出会いについて記載されていない。声楽家としての成功で満たされていたのだろうか。

一八四四年の三月にパリに戻るとき、すでにその年の秋の再演が決まっていた。このときのロシアツアーの折り、ツルゲーネフはモスクワにいて、ポーリーヌの舞台を観にいくことができなかった。当時内務省につとめていた彼は、目の疾患のため四五年に退職してからは、母親の庇護のもとに暮らしていた。しかし、その援助も一八四七年に打ち切られ、ツルゲーネフは金銭的な困窮に直面した。その年の夏、ツルゲーネフはポーリーヌ一家の夏の別荘「クールタヴェネル」を訪れ、彼女の援助のもとに『猟人日記』の大半を執筆している。

このときから二人の関係は一段階進んだようである。一八四四年三月にポーリーヌが帰国してまもなく文通が始まり、一八八三年にツルゲーネフが世を去るまで、実に六二六四通にのぼる書簡がかわされた。もっとも、ある時期までは温度差があり、「ヴィアルドーの燃えはツルゲーネフのそれの何分の一にも達していない」と『ツルゲーネフの生涯』の著者は書く。

ツルゲーネフからの手紙の呼びかけは、一八四七年夏までは「奥さま」だったが、それ以降「親愛なるヴィアルド夫人」、または「親愛なる良きヴィアルド夫人」になった。しかし、普通の友人や恋人たちのように「親愛なるポーリーヌ」と書くことはなかった。対してポーリーヌのほうは、いつも「私の親愛なるツルゲーネフ」「親愛なる良きツルゲーネフ」と呼びかけ、一八六〇年の終わりには「私の親愛なるツルグリヌ」と愛称で呼ぶようになる。

貴族であるために外国への往来が自由だったツルゲーネフは、パリとモスクワを行ったり来たりしていたが、一八七〇年に完全にヴィアルド家にいついてしまう。ドゥエ街のアパルトマンの三階に本棚と仕事部屋とサロンと寝室が用意された。その恩にむくいるために、ツルゲーネフはブージヴァルの別荘「とねりこ亭」を彼女にプレゼントした。

ツルゲーネフの『はつ恋』は半自伝的小説で、一六歳の少年が年上の公爵令嬢ジナイーダに心惹かれるものの、彼女にはすでに恋人がいて、その相手がほかならぬ少年の父親だったという衝撃の内容だ。ヒロインのモデルは実際に父の愛人だった公爵令嬢だが、自由奔放でまわりの男たちを翻弄する女性像にはポーリーヌの面影も反映されているという。

ツルゲーネフは、彼女のためにオペラの台本を三本も書いているが、そのうち『最後の魔法使い』(一八六七)は、一五〇年後の二〇一七年にピアノ伴奏室内オペラの形で初録音された。

一八八三年九月三日、脊髄癌に侵されたツルゲーネフはブージヴァルの別荘で息をひきとった。ポーリーヌは死の床のツルゲーネフのために最後の二本の小説(『海上の火災』『終末』)を口述筆記している。独身だった彼の財産と著作権は、すべてポーリーヌに遺された。奇しくもその四カ月前の五月五日、夫のルイ・ヴィアルドがドゥエ街の自宅で亡くなっている。

ここで誰もがいだく疑問がある。いったいツルゲーネフとポーリーヌはどんな関係だったのだろう。若いころには女遊びもはげしく、五〇年代はじめにはある女性と同棲して子供もなしている彼が、四〇年間もプラトニック・ラヴを貫くなどということがありえるのだろうか。

ポーリーヌは、「友情」こそがカップルが長続きする決めてだと言っている。彼女によれば、サンドとショパンの関係には「友情」が欠けていた。

「それはとても哀しい話です。私の考えでは、彼らは友情で結ばれていませんでした。この情熱はこわすことができないもので、すべての中で最も美しいものです」

ポーリーヌ・ヴィアルドは一九一〇年五月一八日、八九歳の生涯を閉じた。最後に『ノルマ！』と叫んでことされたという。

V　ガブリエル・フォーレとサロン

ガブリエル・フォーレ(一八四五―一九二四)の、とりわけ前半生はサロンの音楽家として知られた。ポーリーヌ・ヴィアルド夫人、カミーユ・クレール家、サン＝マルソー夫人、マドレーヌ・ルメール夫人、グレフュール伯爵夫人、ポリニャック大公妃、エンマ・バルダック夫人。フォーレほどサロンの主宰者に愛され、庇護された作曲家もいないだろう。

フォーレというと、白髪で白い髭をはやした写真で知られているが、一八六八年当時、二三歳のフォーレは、豊かな黒い髪を聡明そうな額の上でわけ、鼻筋が通り、暗い夢見る瞳をした魅力的な青年である。

一八七二年には、サン＝サーンスの紹介でポーリーヌのサロンに出入りするようになる。人見知りでものおじする質だったにもかかわらず、即興の才能を買われてポーリーヌとピアノで四手連弾するなど、一族に暖かく迎え入れられた。ドゥエ街のサロンで日曜日に音楽夜会が開かれていたことは前章で述べたが、木曜日にはジェスチュアと韻律詩の会が催されたという。

一九二二年六月二二日付「エクセルシオール」紙で、フォーレは半世紀前のサロンの様子を次のように回想する。

「ジョルジュ・サンドは当時すでに気品のある老女となっており、トゥルゲーニェフは柔和な雰囲気と素晴らしい容姿をそなえた勢力家であった。私は彼の声の響を憶えているので、その後、彼の本を読む時にはいつもまるで彼自身が語っているかのような気がするのだ。ギュスターヴ・フローベールも数多くの冗談を飛ばしたが、最も愉快な人物はルナンであった。われわれは彼の底知れぬ陽気さがその身体の中から沸き上がるのを、わくわくしながら見つめたものだ」(ジャン＝ミシェル・ネクトゥー『ガブリエル・フォーレ』大谷千正編訳、新評論)

そのころ書かれた歌曲のうち、マルク・モニエの詩による『舟歌』とゴーティエの詩にもとづく『漁師の歌』はポーリーヌ・ヴィアルドに捧げられている。また、二人のソプラノのための『この世ではどんな魂も』と『タランテッラ』はポーリーヌの二人の娘、クローディーヌとマリアンヌに、『ヴァイオリン・ソナタ第一番』は、息子で未来のヴァイオリニスト、ポールに捧げられた。

フォーレはまた、実業家のクレール家と懇意にしていて、パリのサロンの他、夏の間はノルマンディのヴィレ

1868年のフォーレ

ルヴィルやサン＝タドレスの屋敷に招かれ、作曲家・指揮者のアンドレ・メサジェと親しくなっている。『ヴァイオリン・ソナタ第一番』や『ピアノ四重奏曲第一番』、『ピアノのためのバラード』は、クレール家の屋敷で書きあげられた。

このうち『ヴァイオリン・ソナタ』は、フォーレがポーリーヌの末娘マリアンヌと恋仲にあった時期に書かれており、作品に満ちた初々しいロマンティシズムを裏付けている。ジャン＝ミシェル・ネクトゥー『ガブリエル・フォーレ』によれば、「内気でか弱い少女であったマリアンヌとの五年来の恋を実らせて、フォーレは一八七七年の七月に彼女を婚約を結ぶことになる。（中略）また一方で、フォーレとヴィアルド家の関係には度々気まずい面もあったようだ」とのこと。

「五年来」だから、サロンに通うようになってまもなく、ということになる。七四年からマドレーヌ寺院のオルガニストをつとめていたフォーレは、七七年四月、同寺院の礼拝堂楽長に就任する。婚約を申し込むことができたのも定職を得たからだろうが、ヴィアルド家の目にはじゅうぶんとは映らなかった。

オペラ歌手として鳴らしたポーリーヌは、未来の娘婿にしきりにオペラを書くようにすすめる。オペラで成功することが、当時の作曲家が名をあげる唯一の手段だったからだが、フォーレはあまり気がすすまなかった。

サロンのメンバーの一人、詩人で声楽家のロマン・ビュシーヌはクレール夫人に宛てた手紙で、ポーリーヌとフォーレの間にかわされた会話を書きとめている。

「彼の仕事に対する無頓着について話し合われた……彼はオペラを書くべきだと言われた……(中略)。貴女はここにかわいそうなフォーレの様子を思い浮かべるに違いないが、彼はこの時グノーやギャレのようなある種の伝説を主題としたオペラを書くことを約束したのです。しかし、その事によって彼は憂うつにならざるを得なかった……」(前掲書)

音楽界の影の立役者と言われたポリニャック大公妃も、コルタンベール街にオルガンを備えた音楽ホールを建設することになったとき、こけら落としにフォーレにオペラを書いてほしいと頼み、報酬として二万五〇〇〇フランを提示した。これは、フォーレのマドレーヌ寺院の月給の一〇〇倍にあたる額だったが、結局実現しないままになった。

自分の提案を受けてくれないフォーレに腹を立てた大公妃に対してフォーレは、「これから作る私の作品の中で最初に出来た重要なものは、必ずあなたに捧げる」と約束している(のちに彼は、管弦楽組曲『ペレアスとメリザンド』で約束を果たした)。

これは、ショパンと同じケースである。

ショパンもまた、故郷の家族や恩師から、さかんにオペラを書くようにアドバイスされている。姉のルドヴィカは「あなたはオペラによってこそ不朽の名を残すべきです」と手紙に書き、作曲の師エルスネルも「音楽の巨匠の偉大さはピアノ音楽よりもオペラや交響楽によって表され、測られる」と力説する。友人のヴィトフィツキにすら「君は絶対にポーランド・オペラの創始者になるべきだ」とたきつけられ、国民詩人のミツキェヴィッチもショパンがポーランドの国民オペラを書かないことに不満を表明しつづけた。

しかし、自分の芸術はもっと親密で規模の小さな楽曲でより発揮されると信じていたショパンは頑として受け付けなかった。そのために彼は作曲によってじゅうぶんな収入を得ることができず、もっぱら上流階級の子弟にピアノを教えて生活の糧を得ていた。

実際にオペラを書いて社会的地位が上がったドビュッシーの例もある。傑作『牧神の午後への前奏曲』は出版社にわずか二五〇フランでしか売れなかったが、一九〇二年に『ペレアスとメリザンド』の初演を成功させると、作曲による報酬は二桁アップし、一万フラン台に上がった。しかし、浪費家のドビュッシーが、さらに浪費家の妻と再婚したために焼け石に水で、最終的に出版社に六万六〇〇〇フランもの借金を残して死ぬことになる。

フォーレの『ヴァイオリン・ソナタ第一番』は、クレール家の尽力によりブライトコプフ・ウント・ヘルテル社から刊行が決まり、一八七七年一月二七日、プレイエル・ホールで行われた国民音楽協会のコンサートで初演された。ヴァイオリンはマリー・タヨー、ピアノは作曲者自身で、第二楽章の「スケルツォ」はアンコールされたという。初演は大成功だったが、作品の霊感源となったマリアンヌとの婚約はその年の一〇月に解消されている。

心配したツルゲーネフは、マリアンヌの姉のクローディーヌに次のような手紙を書く。

「君は優しくて、かわいそうなフォーレを助けてあげられる人だ。僕はこの青年が大好きで、マリアンヌが彼に愛情を持ってくれることを願っている。もっとも、僕にはマリアンヌはそれほど結婚したがっているようには見えないので、それは難しいことなのかも知れないが……」

(『ガブリエル・フォーレ』)

のちにフォーレは、これで良かったのだ、もしヴィアルド家の一員になっていたら、自分の芸術の進むべき道は変えられていたかもしれないと回想している。

一八八三年、三八歳を目前にしたフォーレは、世話好きのボーニ夫人(のちのサン＝マルソー夫人)から芸術家の娘を結婚相手として勧められる。驚くべきことに娘は一人ではなく三人で、さらに驚くべきことに、決断は見合いですらなく、くじ引きだった。三人の名前を書いた紙を帽子の中に入れ、一枚を引くのである。

こうしてフォーレは彫刻家の娘、マリー・フルミエと婚約する。

同年三月二七日には結婚式が執り行われ、その年の末には長男が生まれた(次男のフィリップは父の作品の熱心な研究者となる)。家族ができたこともあり、マドレーヌ寺院の礼拝堂楽長職からの収入だけでは充分ではなく、パリ近郊の音楽院への出稽古で稼がなければならなかった。

日本の大学で一コマいくらの非常勤講師をかけもちするのと同じ状況だろう。

「うんざりです！」とフォーレはボーニ夫人に書く。

「ぼくは依然マドレーヌ寺院に行ってますし、出稽古をするのもやめていません。しかもぼくの生徒は（週に二度）、ヴェルサイユにもいますし、ヴィルダヴレイにも、同じくサン＝ジェルマンにも、ルーヴシエンヌにもいるのですよ！　ぼくはパリからキュイ（ボーニ家の別荘がある）を通る鉄道を一日平均三時間も乗っています」（フィリップ・フォーレ＝フルミエ『フォーレ・その人と芸術』藤原裕訳、音楽之友社）

一八九六年、マスネのあとを継いでパリ音楽院の教授に就任するまで、フォーレの創作と経済的困窮を支えたのはサロンの女主人たちだった。

くじ引き好きのボーニ夫人は、ワーグナーの音楽に魅せられながら資金がないフォーレのために「なぞなぞびっくりくじ」を考案し、バイロイトに楽劇を観に行けるように算段した。感激したフォーレは、彼女にこんな手紙を書いている。

「しばしばバイロイトに行きたいと語りながら、実際は行けないだろうと考えている一人の男がありました。ところがこの哀れな男がそこへ行かれるのです！（中略）ぼくはあなたがやってくださったことと友人たちの熱意にたいそう感動しました……」（前掲書）

友人のメサジェとともにバイロイトに赴いたフォーレは、一八八八年七月末、『ニュルンベルクのマイスタージンガー』と『パルジファル』の上演に接している。

連作歌曲『五つのヴェネツィアの歌』は、一八九一年五月―六月、当時セ＝モンベリアール公爵夫人と呼ばれていたポリニャック大公妃の招きでヴェネツィアの「パラッツォ・ヴォルコフ」に滞在した折りに着手したものだ。テキストはヴェルレーヌの詩集『雅びなる宴』と、『言葉なきロマンス』に収められた「忘れられた小唄」で、前者からは「マンドリン」「ひそやかに」「クリメーヌに」、後者から「グリーン」「そはやるせなき夢ごこち」がとられている。

ドビュッシーの専門家には無関心では通れないラインナップである。ドビュッシーはフォーレの一七歳下だったが、彼が「マンドリン」と「ひそやかに」で歌曲を書くのは一八八二年、つまりフォーレの九年前、「グリーン」は八六年だから五年前、「そはやるせなき」は四年前。「ひそやかに」以外は一四歳年上の恋人ヴァニエ夫人に捧げられている。

「忘れられた小唄」はヴェルレーヌがランボー事件のさなかに書き、『雅びなる宴』はマチルドに出会う前に書いた詩集で、二人を結びつけるのに役立った。さらに言うなら、普仏戦争前の夏休み、ヴェルレーヌに会う前のランボーが故郷のシャルルヴィルで読み、学校での師に宛てて「いかにも妙ちくりんで、とても奇抜なものです。でも、まことに、敬服すべき作です。時々、べら棒に破格なところがございます」と褒めた詩集である。ランボーは同じ手紙で、同じ詩人の『優しい歌』はまだ読んでいないが、評判がよいので読むようにすすめている。ヴェルレーヌが蜜月中のマチルドに捧げた愛の詩集だ。

フォーレは、一八九二年から九四年にかけて、この詩集から九篇を選んで連作歌曲集を書いている。『優しい歌』こそ、フォーレがサロンの歌姫にして未来のドビュッシー夫人、エンマ・バルダックに触発され、彼女との親密な交流のうちに書き上げた作品だった。

『評伝　フォーレ』（大谷千正監訳、新評論）の著者J＝M・ネクトゥーは次のように書く。

「彼女は、美人というよりは才媛で、その才気煥発ぶりと、磨かれたセンスと、優雅な物腰と、音楽家としての才能によって、人々を魅了していた。彼女は、ソプラノの自然な声で見事に歌い、初見が利き、内輪の音楽会に好んで姿を現し、交友を求めたいと申し出る同時代の作曲家たちのために、惜しみなく自分の才能をもって貢献した」

『優しい歌』が作曲されたのはブージヴァル近くのバルダック家の広大な別荘で、近くにはフォーレの妻の実家もあった。

「毎晩、フォーレは《館》に赴いて、その日の仕事をその歌い手に見せていた。そして、再々、本当に頻繁に、彼女は彼に、これを訂正するようにとつき返していた。私は「白い月、森にさし」の一番初めの自筆譜を持っているが、彼女は天才的に正しかった。なんとフォーレに、一曲全部を書き直させているのだ……」（前掲書）

これは、パリ音楽院でフォーレに師事したロジェ＝デュカスの回想である。

フォーレ自身は、のちの手紙で次のように書いている。

「『優しい歌』ほど自然に沸き上がるようにして書けた作品は、未だかつてありません。それは大いに心を揺さぶってくれた女性歌手が当時いたことと、その人自身も少なくとも同じような理解を私に示してくれたことによって、順調に仕上がっていったのだと一言つけ加えておきたいと思います。(中略)その後このようなことには、もう二度と出合うことはありませんでした」(前掲書)

フォーレは、創作にあたって演奏家の助けをよしとする作曲家だったようだ。『ヴァイオリン・ソナタ第一番』のときも、ベルギーのヴァイオリン奏者レオナールと寝食をともにする機会があり、日中書きあげられた部分は夜には音になり……というやりとりを経て傑作が生まれた。エンマのときもおそらく、実演家と創作家の立場からさまざまなやりとりがなされたことだろう。ちなみに、後年、エンマと結婚したドビュッシーと妻の間に、こうした創作上の意見交換があったという話はきかない。

エンマはボルドーのモイーズ家の生まれで、一八七九年、一七歳で銀行家のシジスモン・バルダックと結婚し、八一年に長男のラウールが生まれている。彼はのちにドビュッシーに作曲を習うことになる。長女のドリー(本名はエレーヌだが、まるで人形のように可愛らしいのでこう呼ばれた)は一八九二年生まれ。兄とはかなり間が離れているが、ネクトゥーは『評伝　フォー

1896年のエンマ・バルダック

レ』の中で、「ドリー・バルダックはフォーレの娘だと、時折、囁かれていたが、ほぼそのことに間違いはないだろう」と書いている。

フォーレは彼女の誕生日(六月二〇日)を祝うために、毎年連弾曲をプレゼントしていく。一八九四年には「子守歌」(旧作の改訂)「ミ＝ア＝ウ」、九五年には「ドリーの庭」、九六年には「キティ＝ヴァルス」「タンドレス」、九七年に「スペイン風の踊り」。これらの六曲は組曲『ドリー』として出版され、ひろく愛奏されているが、こんな裏のエピソードを知ってしまうと、音楽が純粋無垢なだけになんだか空恐ろしくなる。

エンマは、何によらず積極的に動くタイプだったようだ。フォーレからアルベール・サマンの詩集『王女様の庭で』を贈られると、詩人の知己を得たいと思い、夕食に招くよう作曲家に働きかける。

夕食会は一八九六年三月初旬に開かれた。「フォーレの家で、あの話題のバルダック夫人に会いました」と、サマンは妹への手紙で書く。

「三十代の若い女性で……タイプとしては、社交界的な優雅さをそなえた美しい人で、夫は銀行家だそうです。彼女は私にはとても親切にしてくれて、特別な心遣いを見せてくれました。薄紫色の古代絹らしきもので見事に装丁し、彼女の頭文字が刺繡されている一冊の『王女様の庭で』を見せてくれました」(前掲書)

夕食のあとエンマは、その詩集『王女様の庭で』からとられたフォーレの歌曲「夕暮れ」を歌った。サマンは妹への手紙で「たしかに、彼女は濃やかな感性と完璧な表現力を持つ、本当に稀有な人です」と書いている。

その年の一〇月、『ドリー』を完成させてまもなく、フォーレはパリ音楽院の教授に就任する。シャンゼリゼ通り近くのベリ通りのエンマのサロンにも、シャルル・ケックラン、ロジェ＝デュカス、モーリス・ラヴェルなどフォーレのクラスの学生たちが集うようになる。リカルド・ビニェスや詩人のレオン＝ポール・ファルグ、トリスタン・クリングゾルなど、ラヴェルが率いる「アパッシュ」(アパッチ族。新しい芸術を庇護する「ごろつき」の意)のメンバーも出入りした。

一九〇三年に書かれたラヴェルの声楽とオーケストラのための『シェエラザード』は「アパッシュ」の仲間うちにいたクリングゾルの詩による歌曲集で、第一曲が初演者のジャンヌ・アットー、第二曲はサン＝マルソー夫人に捧げられている。第三曲「つれない人」はエンマに献呈されており、若く美しい男が女性の家の前で歌うものの、家に招じ入れようとすると見向きもせずに立ち去るという内容だ。作詞者のクリングゾルは、おそらくエンマについて、次のような意味ありげなコメントを残している。

「大変才能があって、また抜け目のない某女流歌手が、(ラヴェル)に目をつけた。彼女は自分のヘブライの……で損をした。彼女は仕方なくもうひとりの別の芸術家で我慢した」(フランソワ・ルシュール『伝記　クロード・ドビュッシー』笠羽映子訳、音楽之友社)

ラヴェルの、公表はされていないが推測される性向によってエンマの接近は頓挫し、次なるターゲットがドビュッシーだったというわけである。

VI　ドビュッシーとサロン

クロード・ドビュッシー(一八六二―一九一八)がパリ・コミューンで逮捕された父親を持っていたことは第三章で書いた。彼の生前には誰もそのことを知らなかった。作曲家が完全な沈黙を守ったからだ。ヴェルレーヌ＝ランボー事件の目撃者だったことも。

非常に貧しい生まれでありながら、運命のいたずらでクラシック界に放り込まれたドビュッシーは、幼いころから貴族的な嗜好を示していた、とパリ音楽院時代の同級生で作曲家のピエルネは語っている。

「彼はうまいもの好きであり、食いしんぼうではなかった。いいものを熱愛したが、沢山あるかどうかは大して重要なことではなかった。音楽院の帰りにプレヴォの店で私の母がおごった一杯のショコラを、彼が味わう流儀とか、あるいはボンノーの店で、仲間たちのように食べでのある菓子で満足するかわりに、ぜいたくなものをならべたガラスのケースから、かわいらしいサンドウィッチやマカロニ入りの小さなパイを、彼が選んでいる流儀とかを、私は今でもよく覚えている。この貧しい、ごくありふれた階級の出の子供は、万事に貴族的な好みをもっ

ていた」(平島正郎『ドビュッシー』音楽之友社)

食べ盛りの子供が量より質を優先させたというのは、かなりなことである。クラシック音楽は貴族階級を基盤に発展してきたので、音楽院の学生アルバイトも貴族的だ。一八七九年の夏休みには、ロワール河流域のシュノンソー城で、当時の城主プルーズ・ウィルソン夫人の楽士として雇われ、不眠に悩む夫人のために明け方までピアノを弾く仕事をしている。ピアノの師匠マルモンテルの斡旋によるものだった。

翌年の夏休みもマルモンテルの紹介で、チャイコフスキーのパトロンであるフォン・メック夫人の楽士に雇われ、夫人のためにチャイコフスキーの交響曲を連弾で演奏したり、他のおかかえ楽士たちとトリオで演奏したりしながら、ロシアおよびヨーロッパ各地を旅行している。一八八二年など、一一月中旬まで、モスクワからウィーン、パリ、再びウィーンと夫人の一家と行動をともにしていた。フォン・メック夫人は三二歳から八歳まで一一人の子持ちだったが、そのうちの一人ニコライはこう回想している。

「小さなフランス人がやってきた。茶色で、やせて、辛辣で。彼はみんなに面白いあだ名をつける。我々の丸ぽちゃな家庭教師は「休暇中のカバ」。お返しに、我々は彼を「沸騰中のアシル」と名づけた」(Edward Lockspeiser, *Debussy*, Fayard)

アシルはドビュッシーのミドルネームである。

合唱の伴奏者の仕事もあった。最初のロシア旅行のあと、ドビュッシーは同級生のポール・ヴィダルの紹介でロワイヤル通りのモロー゠サンティ夫人の声楽塾の伴奏ピアニストのアルバイトを始める。声楽塾では上流階級の夫人たちを集めて週に二度講習会を開いており、ドビュッシーは一四歳年上の歌姫マリー゠ブランシュ・ヴァニエ夫人に出会う。

当時三二歳のヴァニエ夫人は、一一歳年上の夫とサン゠ラザール界隈のコンスタンティノープル街に住んでいた。ドビュッシーの庇護者になった夫妻は、アパルトマンの一室を彼の仕事部屋に提供し、若き作曲家の創作活動を助けた。貧しい家に生まれ、小学校も通わせてもらえなかったドビュッシーは、不足していた文学的教養をヴァニエ家の本棚で満たした。

娘のマルグリットは次のように回想している。

「彼はせっせと本を読んだ。そして私は、彼が私の教科書のあいだから辞書をひっぱり出してくるのに、なん度も出くわした。彼は辞書から注意深く学んだのである」(『ドビュッシー』)

一八八四年には、ヴェルレーヌの『雅びなる宴』から五曲と、テオフィール・ゴーティエの詩による『死後の嬌態』、ソプラノとテノールによる『スペインの歌』など計一三曲を浄写し、「彼女によらなければ永遠に生を受けることがなく、彼女のメロディックな妖精の唇を通さずには、その魔法の魅力を永遠に失ってしまうであろうこれらの歌たち」という献辞とともにヴァニエ夫人に贈っている。

この年に作曲家の登竜門たるローマ賞コンクールで大賞を獲得したドビュッシーは、ご褒美にローマ留学の権利を与えられる。潤沢な奨学金をもらい、豪奢なメディチ荘で衣食住を保証されながら、好きなだけ創作にあたることができるという思ってもみない好条件のはずだが、ヴァニエ夫人と別れたくなかったドビュッシーは、さんざん出発をひきのばしたあげく八五年になってしぶしぶ出発している。

一八八七年にパリに戻ったドビュッシーは、八九年に開店した「独立芸術書房」に出入りし、交友関係をひろげていった。書店とはいえ、一種のサロンの雰囲気があったようで、詩人・作家のユイスマンス、リラダン、マラルメ、レニエ、ジッド、ルイス、クローデル、ポール・フォール、画家のルドン、フェリシアン・ロップスらが集い、アペリチフを飲みながら歓談する。詩人のアンリ・ド・レニエは、店でのドビュッシーの様子を次のように描写している。

「誰かがしゃべる。ドビュッシーはきく。本の頁をめくったり、版画を仔細にながめたりしてきいている。彼は、本や細々した飾りものが、好きだった。しかし話は、何時も音楽に戻っていった」(前掲書)

「独立芸術書房」は、レニエの『古代ロマネスク詩集』、ルイスの『ビリティスの歌』『アフロディット』、ジッドの『アンドレ・ワルテルの手記』から『パリウド』までの全小説など、出版の機会のない若い文学者の作品を刊行することでも知られた。詩集や小説だけではない、一八九〇年二月には、ドビュッシーの『ボードレールの五つの詩』の楽譜も刊行されている。この歌曲集は、当時の文壇でドビュッシーの知名度をひきあげるのに相当効果があった。パリに数多くあった文学カフェのひとつ「ブラッスリー・プセ」でドビュッシーに会った劇作家のカテュール・マンデスは、ある私的な集まりでこの歌曲集をきいて感激し、自作の台本でのオペラを依頼する。象徴派の親玉マラルメがドビュッシーに注目するきっかけも、やはり『ボードレールの五つの詩』だった。ドビュッシーは音楽家としてはじめてマラルメの火曜会に出席を許され、九二年には長詩『半獣神の午後』への付帯音楽を依頼されている。これがのちに名作『牧神の午後への前奏曲』に発展する。

マラルメの火曜会

当時ドビュッシーは、家具つきとは名ばかり、「片足のテーブルと藁のはみ出した椅子三脚、どうやらベッドらしくみえる物体」が備えつけられたロンドン街の屋根裏部屋に住んでいたが、ここにマラルメが訪ねてきて、彼が借り物のプレイエルで弾く『牧神の午後』を聴いたというわくわくするようなエピソードもある。

一八九三年七月には、やはり「独立芸術書房」から、ロセッティの詩にもとづくカンタータ『選ばれた乙女』の楽譜が刊行された。出版に先だつ四月八日、国民音楽協会で『選ばれた乙女』がソプラノ歌手のテレーズ・ロジェらにより初演され、ドビュッシーは、「トゥ・パリ」と呼ばれる上流階級の人々の知己を得ることになる。七歳年上の作曲家ショーソンとその義弟で画家のルロールはドビュッシーに近付き、惜しみない援助を与えた。

ショーソンの別荘でのドビュッシー

銀行家の家に生まれたショーソンはパリ市内のクールセル街に邸宅をかまえ、マルヌ河畔のリュザンシーにも五ヘクタールもの広大な別荘を所有していた。ここに招かれたドビュッシーがピアノを弾く様子を撮影した写真があり、当時の上流階級のサロン風景がよくわかる。

パフスリーブのロング・ドレスを着たショーソン夫人やルロール家の娘たち、作曲家のレイモン・ボヌールが思い思いの格好で長椅子にくつろいでいる。子供は床の上に坐っている。アップライトのピアノの前にはドビュッシーが座り、ムソルグスキー『ボリス・ゴドゥノフ』の楽譜を弾いている。ショーソンは譜めくりし、ピアノの横に座ったアンリ・ルロールは演奏に聞き入る。ルロール家の娘たちは、やがてルノワールの有名な少女画に描かれるだろう。ドビュッシーはそのうちの一人イヴォンヌ・ルロールに恋をするだろう。

同じ七月には、ショーソンの世話で、一七区のギュスターヴ・ドレ街に引っ越す。新居は中庭に面した六階で、家具つきの三部屋があり、家賃も光熱費も生活必需品もショーソンもちだった。ルロールは自作の絵を一枚プレゼントし、ドビュッシーはピアノの上にそれを架けた。

詩人のレニエは日記で、アパルトマンを訪問したときの様子を次のように記している。

「部屋は明るく、日当たりが良かった。書物机、本棚、ピアノがあり、彼はそのピアノで自作の『牧神の午後』をまったく独特な、一種の物憂げな情熱を以って演奏してくれた」(ルシュール『伝記　クロード・ドビュッシー』)

一八九四年はじめには、ショーソンの義母にあたるエスキュディエ侯爵夫人のサロンに迎えられた。ドビュッシーを庇護しようとした夫人は、モンソー通り七七番地の自宅で、一〇回にわたる「ワーグナーの集い」を企画した。ドビュッシーは一人でピアノに向かい、楽劇から『パルジファル』や『マイスタージンガー』『ジークフリート』の断片を演奏するのである(レオン・ヴァラスによれば、『パルジファル』第一幕だけで一〇〇〇フランの報酬を得たというが、本当だろうか)。二月三日から毎週土曜日に開催される予定だったが、あとで述べるような理由で半分実施したところで中断された。

同じころ、やはりショーソンの紹介で、マルゼルブ街一〇〇番地のサン＝マルソー夫人のサロンにも招かれている。ドビュッシーのピアノでカンタータ『選ばれた乙女』を歌った夫人は、作曲中のオペラ『ペレアスとメリザンド』を賞賛したあと、「『叙情的散文』も同じく興味深いものだった。ロジェ嬢が国民音楽協会で歌うことになっている。彼女は若き巨匠と婚約中なのだ」とつづけている。

ドビュッシーは、ショーソンにこんな手紙を書く。

「私にはもはや自分が分からなくなっています！　幾つものサロンに出かけ、ザモイスカ夫人宅で合唱の指揮をしたりしています（そうなんです、ムッシュー）。（中略）また、ド・サン＝マルソー夫人は、私に、第一級の才能を認めてくれました！　それらはまさに死ぬほどおかしいことです。でも鳥もちにひっかかってあげるためには、十分に脆弱な魂の持ち主である必要があります。そしてありとあらゆる馬鹿話！」（前掲書）

世話好きなサン＝マルソー夫人のすすめで『選ばれた乙女』を初演したテレーズ・ロジェと交際していたドビュッシーは、二月一七日の『叙情的散文』の初演後に正式に婚約した。しかし、ロンドン街時代からのパートナーで、決してサロンには招かれなかった「緑の目のギャビー」と縁を切っていなかったことが露顕し、破談になってしまう。ショーソンは早速エスキュディエ夫人に手紙を書き、ドビュッシーのサロンへの出演を中止させる。ショーソン家にも出入りさしとめになり、ドビュッシーは上流階級を踏み台に出世する道を閉ざされた。

一八九九年一〇月一九日、ドビュッシーは婦人洋装店につとめるリリー・テクシエという金髪のマヌカンと結婚した。市役所に届けを出したあと、「ブラッスリー・プセ」での祝宴の費用を捻出するために、出張レッスンをしなければならなかった。そして、レッスン代は食事で使い果たしてしまったため、全員馬車にも乗れず歩いて帰ったという、『レ・ミゼラブル』のマリユス青年を思わせるエピソードも伝わっている。

一九〇二年に唯一のオペラ『ペレアスとメリザンド』が初演され、「ル・ペレアストル」と呼ばれるファンが形成されると、ドビュッシーの名声はゆるぎないものになった。

一九〇四年一月一六日には、文芸評論家ルイ・ラロワの紹介でシストリア大公妃のサロンに招かれる。名ピアニスト、ブランシュ・セルヴァが、初演されたばかりのピアノ組曲『版画』を弾き、ゼトリン弦楽四重奏団が『弦楽四重奏曲』を演奏し、モリス・バジェスが『叙情的散文』や『マンドリン』を歌った。列席していたサン＝マルソー夫人は、彼がもう自分のサロンに出入りしていないことを悔やんでいる。

フォーレの元愛人、エンマ・バルダックがドビュッシーの生活にはいってくるのは半年ほど前からである。エンマの息子ラウールがドビュッシーに作曲を習っていたことは前章で書いた通りである。弟子入りは一八九九年ごろ、ラウールはまだ一八歳だった。

ドビュッシーの歌曲に興味をもったエンマは、サロンに出入りしていた作曲家シャルル・ケックランのピアノで『叙情的散文』や『ボードレールの五つの詩』を歌った。ディエッチー『クロード・ドビュッシーの情熱』によれば、この折りにドビュッシーの作品や人となりについてケックランに問いただしたという。

両者の接近はエンマの息子のラウール経由だった。一九〇一年四月、ラウールはドビュッシーに頼まれて、ともに音楽院の学生だったラヴェルやリュシアン・ガルバンとオーケストラのための『夜想曲』を二台ピアノ用に編曲している。ちょうど二年後の四月、この編曲版はスコラ・カントルムでの「現代フランス音楽演奏会」の折りにドビュッシー自身とリカルド・ビニエスによって初演された(のちにラヴェルは単独で全曲を編曲している)。

ラウールとドビュッシーの文通が増えるのは、一九〇三年七月以降のことである。八月二七日の手紙は、「私の母はあなたがたご夫妻に友情を送ります」と結ばれている。八月末、ドビュッシーはそれに応えて「あなたの魅力的な母上」に「心からの忠誠の念」を表明する。

妻の実家のあるビシャンで夏の休暇をすごしたドビュッシーが一〇月一日にパリに戻ると、ラウールは夫妻を母の家に招いた。エンマは小柄でエレガントで、快活で若々しく、もう四一歳になっていたのに、二九歳のリリーと同じぐらいの年齢にみえたという。ほどなくドビュッシーは、最後の修正をほどこした『版画』の楽譜を献辞つきでエンマに贈っている。

年があけると、二人の仲は一層深まる。ドビュッシーが歌曲集『フランスの歌』を献呈すると、エンマは彼に花を贈った。狂喜したドビュッシーは「私がまるで生きた口にでもあるかのように、これらの花すべてに口づけをしたとしても、どうかお許し下さい」と書く。そして運命の六月九日、こんな電報が打たれた。

「町には雨が激しく降っています。どうか今日の午後、私に少し時間を割いていただけないでしょうか。私は、対位法も展開もなしに、一度あなた「ひとりだけ」をどうしてもわがものにしたいのです」(前掲書)

「町には雨が……」のくだりは、ヴェルレーヌがランボー事件のさなかに書いた『忘れられた小唄』(同詩集によるドビュッシーの歌曲集もある)の一篇にランボーがつけたエピグラフ「雨はしとしとと町に降る」をもじったものだろう。

『喜びの島』のスケッチのあるページには「以下の小節は、一九〇四年六月の或る火曜日にそれらを私に書き取らせてくれたバルダック夫人——p・m——に帰属するものです。彼女の恋人クロード・ドビュッシーの情熱のこもった感謝を」と書きつけられている。ところで、暦によれば一九〇四年六月九日は火曜日ではなく木曜日である。

七月末、ドビュッシーは糟糠の妻リリーを実家に帰してエンマとジャージー島に駆け落ちし、一九〇五年一〇月には一人娘のシュシュが生まれた。

一家は、終の住処となるボワ・ド・ブーローニュ街八〇番地の一軒家に落ち着く。エンマが実母とドリーも連れてきたため、ドビュッシー家には義理の姉妹が同居することになる。ドリーがフォーレの娘かもしれないことを、果たしてドビュッシーは知っていたのだろうか。

VII　サン゠マルソー夫人

一八七五年から一九二七年、つまり半世紀以上にわたって催されていたサン゠マルソー夫人の「金曜日」は、一九世紀末からベルエポックにかけてさまざまな出会いの場になった。

「モーリス・ラヴェルに会ったのは、サン゠マルソー夫人のサロンが最初だった」と、ファンタジー・リリック『子供と魔法』にテキストを提供したコレットは書く。

「四〇年前、サン゠マルソー夫人の邸宅での集まりは、単なる社交界の興味以上のものだった。それは音楽への誠実さに対するご褒美、きわめて高度な再創造の場、親密な芸術の砦だった。あまり広くない二つの客間をつなげたサロンは、長い期間作曲家や演奏家などすばらしい音楽家が集うことで知られていた。本当のところ、夫人は誰も探す必要などなかったのだ。彼女の有名な「金曜日」に招かれることを誰もが切望していたのだから。

すばらしい夕食後の催しでは、女主人は「監視された自由さ」の雰囲気を保つようにつとめていた。彼女は音楽を聴くことを強制しなかったが、それでもささやきひとつ聞こえなかった」

ところで、サン＝マルソー夫人の日記によれば、ライバルだったポリニャック大公妃のサロンでは「音楽を聴かない自由」があるようで、高名な歌手クレール・クロワザが歌っているのに「みんなしゃべっていた。いわゆる「育ちのよい」人々が、まるで不作法な男のようにふるまい、アーティストを聴くために声を潜めることもしなかった」という。

サン＝マルソー夫人のサロン

マルゼルブ街の「金曜日」ではこんなことは起きなかった。夫人のお気に入りで連弾をともにしたピアニストは次のように回想している。

「ピアノはいつも蓋があけられ、音楽家たちが自由に使うにまかされていた。フォーレがその前に座り、丸い手を鍵盤の上にさまよわせ、歌手が歌うメロディをつまびくと、会話はとだえ、人々は聞き入り、魅了された。あるいは、突然いたずら好きの本領を発揮したフォーレは、ファウスト・ワルツを右手はニ長調、左手は変ニ長調で弾きはじめる。それは耳障りでむずかしいことだが、人々は大いに沸いた」(Marguerite de Saint-Marceaux, *Journal 1894–1927*, Fayard)

コレットも、フォーレが友人のメサジェと「ひとつの椅子を分け合って四手連弾し、調性からはずれた唐突な転調を競いあう」様子を描写している。

「こうした悪ふざけは、ワーグナーの『四部作』のライトモティーフを使ったパロディ風カドリールで締めくくられるのが常だった」(Myriam Chimènes, *Mécènes et Musiciens*, Fayard)

この大騒ぎは、夫人の夏の滞在先キュイ・サン・フィアークルの別荘でもつづけられた。ここには、プレイエルが製造した双子ピアノ(二台のグランド・ピアノが胴体で合体し、対面で鍵盤がついているモデル)が置かれていたようだ。パリのサロンでも常連のメサジェ、ギュスターヴ・サマズイユ、ピエール・ド・ブレヴィユ、アンリ・フェヴリエ(ジャックの父)、フォーレと、サン＝マルソー夫人がいつも連弾していた若い二人のピアニストが四手か八手で共演した。

一八五〇年に生まれ、サン＝サーンスに求婚されるも両親の反対で断り、一八七〇年に画家のボーニと結婚してマルゼルブ街一〇〇番地でサロンを開いた夫人は、夫と死別し、彫刻家のサン＝マルソーと再婚したのちもひきつづき同じ場所でサロンを開いていた。

フォーレを寵愛し、資金不足でバイロイトに行けない彼のために「なぞなぞびっくりくじ」をつくってメサジェとともに祝祭歌劇場に送り込んだことは第五章で書いた通りである。フォーレがパリ音楽院の教授に就任すると、門下のラヴェルがサロンに通うようになり、さらにその友人のピアニスト、リカルド・ビニェスも常連になった。

サン＝マルソー夫人の功績は、二度目の結婚のあと、一八九四年から一九二七年まで、ほぼ毎日詳細な日記を残したことにある。出てくる名前は作曲家だけで三一名、演奏家は二二名に

1890年頃のサン＝マルソー夫人

のぼる。夫人は国民音楽協会のコンサートや他のサロンの催しにも出かけ、そのつど感想を残している。彼女の日記を通して読者は、一九世紀末から二〇世紀初頭にかけてのパリの音楽活動の詳細を、まるで昨日のことのように追体験することができるだろう。

一八九八年一二月二日の夜会では、その年の四月に初演された『ドリー』をフォーレと若いピアニストが連弾で演奏している。サン＝マルソー夫人は日記で「彼は耳が聞こえなくなっている。可哀相に」と記している。フォーレの耳の疾患は一九〇三年以降は顕著になっていったが、その前から苦しんでいたのだろう。

『ドリー』を国民音楽協会で初演したのはコルトーとエドゥワール・リスレール（プルースト『失われた時を求めて』にも出てくるピアニスト）だが、サン＝マルソー夫人の日記には、リスレールのリサイタル（一九〇四年一月一一日）の感想も書きつけられている。

「彼はベートーヴェンの『ソナタ作品一一一』をすばらしく弾いた。リストも同じように良かったが、フォーレの演奏は凡庸だった。それは正確すぎて空気の通りが悪かったように思う。にもかかわらず彼はすさまじい成功をおさめた」(Marguerite de Saint-Marceaux, *Journal 1894–1927*)

毎日のようにフォーレ自身がサロンに来て、即興演奏したり、夫人の歌を伴奏したりしていたのだから、それは不満が残るだろう。

こんなエピソードも楽しい。一九〇四年一月二二日、サロンに「イギリスのドビュッシー」と称されるシリル・スコットがやってきた。出席者はブレヴィユ、ビニェス、アーン、アンリ・フェヴリエ、ラヴェル。

「夕食のあと、スコットが自作を延々と披露した。アーンは上の空で聴いていた。この若いイギリス人のずうずうしさは大変なものだ。天性のものには恵まれているが、音楽的書法は整理が悪く、オーディションを悲惨なものにしていた」(前掲書)

シリル・スコットは一週間前の「金曜日」にも出演したようで、列席していたリカルド・ビニェスは「彼が演奏したあと、ドビュッシーの『版画』を弾くように頼まれた。これほどのイギリス音楽のあとで耳をリフレッシュするために」と書いている。

『版画』では、少し前の一月八日の日記に興味深い記述が見られる。サロンにやってきたラヴェルが、声とオーケストラのための『シェエラザード』から第一曲「アジア」、ピアノのための『ソナチネ』から第一楽章を弾いた。いずれも初演前である。その折りにラヴェルが、九日に初演されるドビュッシーの『版画』の第二曲「グラナダの夕暮れ」について、一〇年前に自分が書いた「ハバネラ」の主要楽想を盗用したものだ、と言ったそうだ。

国民音楽協会でリカルド・ビニェスが弾く『版画』を聴いた夫人は、「それは繊細で独特だが、その独特さはもはやあまり人を驚かせない」と書いている。

「それは大変に魅惑的だが、その魅惑はもしかすると模倣するのが容易かもしれない。組曲は大変斬新だが、ロシア的な要素、ジャワ的な要素、東洋の響きなどたくさんのものに依存しすぎている」(前掲書)

真相は以下の通りである。一八九八年に「ハバネラ」(『耳で聴く風景』の第一曲)が初演されたとき、ドビュッシーが寄ってきて自筆手稿の写しを貸してほしいと頼んだ。ドビュッシーを尊敬していたラヴェルは楽譜を渡したが、ドビュッシーはそれを返さなかった(作曲家の死後、縦型ピアノの後ろで別の楽譜の間から発見されたという)。一九〇三年一〇月に刊行された『版画』の譜面を見た(あるいは、ビニェスが私的に弾くのを聴いたか?)ラヴェルは、自分のアイディアが盗まれたと感じたようだ。

サン=マルソー夫人の日記で一番興味深いのは、ドビュッシーのオペラ『ペレアスとメリザンド』をめぐる一連のエピソードだろう。

コレットは、『一九〇〇年の音楽サロン』の中で、『ペレアス』初演の指揮をすることになっていたメサジェが夫人のサロンで音出しするシーンを回想している。当時オペラ・コミック座の音楽監督をつとめていたメサジェは、支配人カレにもちかけ、長く上演先が見つからなかった『ペレアス』の上演をとりつけた功績者でもあった。

「ある夜、私は『ペレアスとメリザンド』の楽譜がはいってくるのを見た。それは、アンドレ・メサジェの両腕の中に抱きかかえられていて、まるで彼が盗んできたみたいだった。彼はピアノの前に座り、錆びたトタンのような声で歌いながら譜読みを始めた。彼は途中で止まり、また弾きはじめ、そうだ、そうだ！　とつぶやくのであった。メリザンドの役を歌うときは、ほとんど目を閉じていた……」(*Mécènes et Musiciens*)

サン＝マルソー夫人の日記によれば、それは一九〇二年四月二五日のことであるらしい。初演は二三日の予定だったが、原作者のメーテルリンクが妨害しようとしたため三〇日に延期されていた。三月二一日、メサジェと夕食をともにしたサン＝マルソー夫人は、ことの顚末をきかされている。

ヒロインのメリザンド役に、メーテルリンクは愛人のジョルジェット・ルブランを推していたが、ドビュッシーは返事を保留していた。その後、メサジェが推薦したメアリー・ガーデンに決まったため、メーテルリンクは激怒した。しかるにメアリー・ガーデンは当時メサジェの愛人だったから、考えようによっては愛人対決とも言える(初演後、ドビュッシーもガーデンに言い寄ったが、「あなたは私の中にメリザンドの面影を見ているのよ」とやんわりと断られたという)。

著作権協会に持ち込んでうまくいかなかったメーテルリンクは、杖をもってドビュッシーの家に乗り込んだらしい。ボクサーでもあった彼は屈強な体軀の持ち主だったが、無抵抗な様子のドビュッシー相手になすすべもなく退散した。そのかわりメーテルリンクは、四月一三日、つまり予定されていた上演の一〇日前に「フィガロ」紙に寄稿し、上演は自分の意に反して行われるもので、「華々しい失敗を望む」という意向を示した。

こんな顚末を反映して、二八日の公開総練習は、騒然たる雰囲気の中で行われたという。一部のシーンでは怒号と冷笑がとびかい、三幕では抗議の声が拍手喝采を上まわった。

サン＝マルソー夫人は日記に次のように書く。

「聴衆は笑った。すばらしい子供のシーンは茶化された。ルージョンの考えは無礼千万だ。この音楽は絶対的に傑作なのに、聴衆は何ひとつ理解していない」

主催者側が、聴衆が反応した二つの場について削除するように申し入れたのだ。

サン＝マルソー夫人には、『ペレアスとメリザンド』の道行きを案ずる理由があった。夫人が日記を書きはじめるのは一八九四年二月だが、初回にとりあげられているのが、この『ペレアスとメリザンド』なのである。

「夜はドビュッシーを夕食に招いた」と夫人は日記に記す。

「彼は私に『選ばれた乙女』を歌わせた。彼が表現したいこと、または表現したかったことをこれ以上巧みに示すことは不可能だ。彼の歌声はいつも通り悪声だが、アクセントは正確だった。翌日、彼は『ペレアスとメリザンド』の完成しているすべての部分を弾いてくれた。それは天啓だった。ハーモニーも書法もすべて新しく、しかし音楽的だった」

三月九日には、その年の一二月に初演される『牧神の午後への前奏曲』をドビュッシーのピアノで聴き、「オーケストレーションしてみなければ正しい判断はできない。しかし、このままでも音楽は興味深いものだった」と感想を書きとめている。

しかし、前の章で書いたような理由によって、ドビュッシーは三月二〇日を最後に夫人のサロンから姿を消した。『牧神の午後への前奏曲』初演の翌日、サン＝マルソー夫人はフォーレとメサジェを招いているが、日記にはドビュッシーの話題は出ていない。

サン＝マルソー夫人のサロンの特徴は「譜読み」だった。『牧神』や『ペレアス』のように作曲されたばかり、あるいは初演を控えた作品をピアノや歌で音出しするのである。

ピアノをドビュッシーの師でもあるマルモンテル、歌をロマン・ビュシーヌに師事した夫人は、プロフェッショナルなキャリアを夢見たこともあるが、当時の上流階級の子女には許されなかった。そのかわり彼女は、サロンの女主人という立場の特権を活かして、ドビュッシー自身のピアノで『選ばれた乙女』を、フォーレのピアノで『優しい歌』を、ラヴェルのピアノで『クレマン・マロのエピグラム』を歌うという幸運に恵まれている。プッチーニがパリを訪れたときはサロンに招き、作曲者の求めに応じて『マノン・レスコー』を歌ったという。

サロンに客人がいないとき、あるいは家族だけの集まりのとき、サン＝マルソー夫人は初見能力の高い若いピアニストと連弾で、新しい作品の譜読みをした。この方法で、ラヴェルのオペラ『スペインの時』を初演の二年も前に弾き、日記に「とても楽しい音楽」という感想を書きつける。

必ずしも夫人の気に入る音楽ばかりではない。リヒャルト・シュトラウスのオペラ『エレクトラ』は一九〇九年二月一五日に読譜し、「なんという野卑な音楽だろう」と日記に書く。スキャンダルとなったストラヴィンスキーのバレエ『春の祭典』については、初演四日後の再演(一九一三年六月二日)を観に行き、次のような感想をのべている。

「会場は騒然としていた。人々は、やや苛立たしいが興味深いところもある芸術のマニフェスタションについて、聴きもしないで抗議しようとしている。この音楽は感じるより考察するものであり、響きの研究は作曲家の唯一の関心事であるように思える。そこには議論の余地のない演劇的色彩がある。ダンサーたちは踊らず、床を踏みならしている。これらすべては滑稽ではあるが、興味深い新しい芸術を打ち立てようという試みが感じられる」

一九一四年四月二六日にモントゥー指揮のオーケストラ・コンサートで再び『春の祭典』を聴いた夫人は、まず同じ作曲家の『ペトルーシュカ』を譜読みし、「新しい音楽、リズミックで奇妙だが惹きつけられる。感動を呼ぶ音楽ではないが、生命力に満ちている」と感想を述べている。
ようやく五月一〇日に若いピアニストと『春の祭典』を弾いてみた夫人は、「とにもかくにもとんでもない音楽だ。私は二台ピアノ用の『イベリア』のほうがチャーミングで好きだ」と書く。変拍子の連続で世界の名指揮者ですら振り間違えるという『春の祭典』を初見で弾けるというのは、相当な読譜力なのだろう。文中の『イベリア』とは、ドビュッシーの管弦楽のための『映像』第二曲で、アンドレ・カプレが二台ピアノ用に編曲し、一九一三年六月一九日に作曲者とリカルド・ビニェスが初演している。

ミリアム・シメーヌはその書『メセナと音楽家　第三共和制におけるパリのサロン』で、サン＝マルソー夫人のサロンは、ポリニャック大公妃やグレフュール伯爵夫人のそれに較べて保守的で、親密な集まりにとどまっていたと評している。たしかに夫人は、とりわけ二〇世紀初頭の急進的な動きにはついていけず、彼女のサロンにストラヴィンスキーやサティが出入りすることはなかったし、ディアギレフ率いるロシア・バレエ団や六人組にも関心を示さなかった。

しかし、オペラ・コミック座の音楽監督、オペラ座の副支配人を歴任したメサジェが常連だったため、お気に入りの作曲家に紹介して上演を仲介することは可能だったわけである。

たとえば、デオダ・ド・セヴラックの『風車の心』は、一九〇六年二月に夫人のサロンで、オペラ・コミック座の支配人カレの列席のもとで私的に上演されている。それに先立つ手紙でセヴラックは、「すでに最近のリハーサルを聴いたメサジェやフォーレが推薦してくれているので、一発で決まるだろうと言われた」と書いている。実際にオペラは一九〇九年一二月にオペラ・コミック座で上演された。

ドビュッシーも夫人のサロンにもう少し出入りしていたら、『ペレアスとメリザンド』の上演時期はもっと早まったかもしれない。

VIII　オギュスタ・オルメスとジュディット・ゴーティエ

オギュスト・ルノワールに『マンデスの三人の娘たち』という有名な絵がある。髪をリボンで結んだ幼い少女はマホガニー色のピアノにもたれかかり、少し年上の娘はヴァイオリンを持ち、年長の娘は片手で犬を抱きながら片手を鍵盤にかけている。

いかにもブルジョワの家庭らしい優雅な光景だが、三人の娘の母親がマンデスの正妻ではなく、愛人だったことを知れば、印象は一変するだろう。

カテュール・マンデス(ニナ・ド・ヴィヤール夫人のサロンのモデル小説も書いた劇作家)をめぐるトライアングルは、なかなか豪華なメンバーだ。

愛人のオギュスタ・オルメス(一八四七―一九〇三)はフランス革命百年を記念した『勝利のオード』など大規模な作品を書いた作曲家。妻のジュディット(一八四五―一九一七)は詩人テオフィール・ゴーティエの娘で、詩人、文芸評論家として活躍した。

ジュディットは中国や日本の詩を仏訳したことでも知られる。

二歳違いの二人に共通しているのは、大変な美人だったこと。彫りが深く、額からまっすぐに鼻筋が通り、古代ギリシャの彫刻になぞらえられる正統的な美貌で、ジュディットはヴィクトル・ユゴーやワーグナーと浮名を流し、オギュスタはサン＝サーンスに何度も求婚されたが断り、作曲の師フランクも彼女に熱を上げたと伝えられる。

オギュスタ・オルメス

　母親を早く亡くし、軍人ながら幅広い教養の持ち主の父親にピアノを買い与えられたオギュスタは、一三歳で作曲を始め、ヴェルサイユに移住してからは、大聖堂のオルガニスト、アンリ・ランベールについてピアノとオルガンを学び、作曲の手ほどきも受けていた。二〇歳前後からはオランジュリー街のサロンでピアノを弾きながら自作の歌曲を歌い、知的エリートを魅了する。

　彼女のサロンにはマラルメ、ドーデらの文学者、サン＝サーンス、トーマ、マスネ、ロッシーニらの作曲家が集った。画家のアンリ・ルニョーは『アキレウスとテティス』に彼女を描き、作家のアンドレ・トゥリエは彼女をモデルに『ギニョン嬢』を書くだろう。

　常連の一人、ヴィリエ・ド・リラダンのエッセイ「オー《ママ》ギュスタ・オルメス」では、サロンでの彼女の様子が華麗な文章で克明に描写されている。

「油絵、紋章、灌木、彫像、それから昔の書籍を飾った、事実、極めて簡素な趣味のサロンに、たおやかな乙女が一人、大きなピアノの前に腰をおろしていた！（中略）サン＝サーンスは自作の『ダリラ』をそこで演奏したばかりであった。オルメス嬢は楽劇の最初の作曲『エフタの娘』を演奏したが、グノーは何か思いに沈んだ驚きの色を浮べてこれに耳を傾けていた。（中略）夜会はワグナーの『ローエングリン』の幾節かを演奏して終ったが、この曲はフランスで新しく出版されたものであり、サン＝サーンスが我々にその知識を授けてくれたのであった」（「行路の人々」『リラダン全集　第三巻』齋藤磯雄訳、東京創元社）

一八六一年にパリ初演された『タンホイザー』はオペラの保守派と革新派の間に大論争をひき起こしたが、サン＝サーンスやリラダンは熱烈なワーグナー擁護派だった。

オギュスタの歌声についてリラダンは、「オルメスはあらゆる音域に順応して、一作品の極めてささやかな意図をも引立たせるような、あの知的な声に恵まれていた」と書いている。

さまざまな証言を読むと、彼女の声域はドラマティックなコントラルトだったらしい。下のファから上のシ♭まで出すことができ、「深く、引き裂くような」声だったと、作家のレオン・ドーデは回想している。

「彼女は夏の暑さのためすべての窓を開け放ち、彼女の美しい声がしわがれる心配もなしに歌った。そのスタイルは独特で、人の心をひきつけ、支配し、シレーヌのような印象を与えた」(Gérard Gefen, *Augusta Holmès*, Belfond)

マラルメの友人カザリスは彼女をスフィンクスにたとえている。

「彼女は、もっとも情熱的な音楽を平静きわまりない表情で歌った。顔のすべてのラインは大理石のようで、神秘的な笑顔はスフィンクスを思わせた」(前掲書)

『ギニョン嬢』の作者アンドレ・トゥリエによれば、彼女のサロンには男性しか訪れなかった。すべての出席者が美しい女主人の虜になり、ライバルたちを嫉妬していた。彼女はそれぞれのメンバーにファーストネームで呼びかけ、皆を均等に家族のように扱ったという。豪奢な黒い衣装に身を包み、波うつ金髪をなびかせながら、女性としてよりは仲間のような態度で接し、一人からまた一人へと渡り歩き……。

いっぽうのジュディット・ゴーティエは、象徴派の始祖ボードレールに『悪の華』を捧げられたテオフィール・ゴーティエの長女として生まれた。母はオペラ歌手エルネスタ・グリジで、高名なバレリーナ、カルロッタの姉に当たる。ゴーティエはカルロッタに惹かれていたが受け入れられず、少しでも彼女のそばにいるためにエルネスタと結婚したという説もある。公演の多い母親のかわりにジュディットの面倒を見たのは父親であった。家庭教師や音楽教師によって教育され、パリ音楽院ではダンスを習い、演劇やコンサートに出かけるなど文化的に充実した少女期を過ごす。

ジュディットが一二歳のとき一家はパリ郊外のヌイイに引っ越し、木曜日ごとに開かれるサロンにはフローベール、デュマ・フィス、ユゴーらの文学者、画家のシャヴァンヌらが集った。近くにはボードレールの仮住まいもあり、子供時代の思い出をつづったジュディットの回想録『日々の首飾り』には、彼に会ったときのことも書かれている。

ある日、妹とドミノ遊びをしていると、呼び鈴が鳴った。とても奇妙な人物が音も立てずにはいってきて、軽く会釈した。彼は「法衣をまとっていない司祭」のように見えた。父親は「おや、ボードレールだ！」と叫び、彼に手を差し出した。

ジュディット・ゴーティエ

彼は口髭を古い因習的な風習とみなして剃り落としていたので、子供の目には司祭のように見えたのだ。初めて目にするものに対してはそうする癖のあるジュディットは、大きく目を見開いてじっと彼を見つめた。

ゴーティエが娘を紹介すると、ボードレールは彼女のギリシャ的な美しさに着目して、「まるであなたの夢が実在の形をとって現れたかのようですね」

(Judith Gautier, *Le second rang du collier*)と言ったという。

一八六二年にロンドンで開かれた万国博覧会に父と同行したジュディットは、サムライ姿の日本人を目にして東洋に興味をもつ。その直後、父が職を失って困っていたチン・チュン・リンという中国人を支援し、家庭教師として雇ったので、ジュディットは彼と共同で中国詩を仏訳することになる。

マンデスとの出会いは、指揮者のジュール・パドゥルーが一八六一年に創設した「コンセール・ポピュレール(のちのコンセール・パドゥルー)」の市民コンサートがきっかけだった。

ちょうどその年の三月にパリ初演された『タンホイザー』が大スキャンダルをひき起こし、ワーグナーの楽劇は当分の間パリでは観られなくなったため、オギュスタのサロンや「コンセール・ポピュレール」で演奏される抜粋だけがわずかなチャンスだった。父のもとに招待券が送られてくることもあり、ジュディットは妹とともに日曜ごとの演奏会を訪れ、ワーグナーを聴きに来ていた新進気鋭の詩人・劇作家カテュール・マンデスに会う。

ボルドーのユダヤ系銀行家の家に生まれたマンデスは、一八五九年に文学を志してパリに出てきて、翌年、リラダンと「ルヴュ・ファンテジスト」を創刊、ワーグナーを熱烈に擁護していた。

やはりワーグナーを愛するジュディットは、父親の反対にもかかわらず彼と恋仲になってしまう。一八六六年四月に結婚。激怒したテオフィールは、いったん親子の縁を切っている。

一八六九年九月、ワーグナーの楽劇『ラインの黄金』がミュンヘンで初演されることになり、マンデス夫妻はリラダンとともに聴きにいく。ワーグナーの楽劇に接したことがなかったオギュスタも、父親を説得してともにミュンヘンを訪れていた。このときマンデスは――妻が同行していたにもかかわらず――オギュスタの美貌に魅せられ、激しく言い寄ったと伝えられる(オギュスタの評伝を書いたジェラール・ジュファンは、二人はもう少し前から関係があったという説を立てている)。

ミュンヘンでのオギュスタは二二歳。大変に魅力的で、ワーグナーやリストをも夢中にさせたという。当時ワーグナーは、内縁関係にあるコジマとともにルツェルン郊外のトリープシェンに住んでいた。父親に伴われてワーグナー家に赴いたオギュスタが自作の歌曲を弾き歌いしたところ、感銘を受けたワーグナーは改めて親子を夕食に招待する。オギュスタが再び弾き歌いを披露すると、興奮したワーグナーは彼女に突進してキスしたという。

コジマの父リストもオギュスタに関心をいだき、コジマはジュディットに宛てた手紙で「ミュンヘンでは父とあの娘が一緒のところに出くわさずにすむ場所はありません。父が彼女をどこにでも連れ歩くものですから」(小林緑編著『女性作曲家列伝』平凡社)と書いている。

そういうコジマ自身も、ビューローという夫がありながらワーグナーとの間にすでに一男二女をなしていた。この時は大いにジュディットに同情し「貴女のお苦しみのほどはよくわかります」と書いたコジマも、後年彼女と夫の関係に悩まされることになるのだから皮肉なものだ。ミュンヘンから戻ったオギュスタは妊娠し、一八七〇年五月に長男を生む。『日記』で知られるゴンクールによれば、妊娠中、オギュスタは娘の不適切な関係に激怒した父親に襲われることを心配したが、幸いにも(というべきか?)父は前年の末に亡くなり、オギュスタは莫大な遺産を受けついだ(マンデスはこの遺産をあてにしたふしもある)。

七二年三月には長女が誕生し、その後も内縁のまま一男二女を産んでいる。ゴンクールによれば、オギュスタは子供が大嫌いだったらしいのだが。

裏切られた妻のほうは、さらに大物との関係が取り沙汰された。一八六七年に中国人のチン・チュン・リンと共同で翻訳した『翡翠の書』が刊行され、政治亡命先のガンジー島でこの書を受け取ったユゴーは、次のような手紙を書いた。

「『翡翠の書』は優美な作品です。言わせていただくと、私にはこの中国の中にフランスが、この磁器の中にあなたの雪花石膏が見える思いです。あなたは詩人の娘にして詩人の奥方、王の娘にして王の奥方、そして女王そのもの。女王というよりミューズ。あなたの曙が私の闇をやさしく照らします」(桑原隆行『フェティシズムの箱』大学教育出版)

一八七〇年九月に第二帝政が崩壊し、共和制が宣言されるとユゴーはパリに凱旋し、ジュデイットも出迎えた。二人は急接近し、普仏戦争が勃発した夏ごろに親密な関係が始まったといわれる。

一八七三年一二月、ユゴーの次男フランソワが亡くなり、フローベールとともに葬儀に出席したゴンクールは、ジュディットのこの世ならぬ美しさを次のように描写している。

「ふわふわした毛皮をまとったテオの娘は不思議なぞっとするような美しさだった。かすかにバラ色に染まった白い肌で、象牙のように皓《しろ》い大きな歯並び、原始人さながらに、くっきりとした輪郭の口だ。端正で、しかも眠るがごときその顔立ち、眼は大きく、獣《けもの》のようなまつげはぴんと伸び、まるで黒い小さな針が密生しているかのようだ。だから、薄明かりで視線がぼんやり見えるなどということがない。これらによって、このまどろむような美形に、スフィンクスの牝のいわくいいがたきもの、神秘的なるもの、一個の肉体、現代的な神経などみじんも存しないであろう肉付きが与えられている」(『ゴンクールの日記』斎藤一郎編訳、岩波文庫)

このあとの一節が興味深い。フローベールに「昨晩は、お会いできずに失礼申し上げました」と詫びたジュディットは、早退の理由を「魔術のレッスンを受けるため」と説明した。実際に彼女は『高等魔術の教理と祭式』の著者エリファス・レヴィに私淑してカバラの指導を受け、オカルト好きのユゴーにも紹介している。

一八七四年にマンデスと離婚、七六年にはバイロイトに赴いて『指環四部作』の初演に接し、

『パルジファル』作曲中の巨匠との間に一年ほどのあやうい関係が生じた。

オギュスタのほうは事実上の夫マンデスを中心とした高踏派のサークルで自作歌曲を弾き歌いしていたが、一八七五年ごろ、さらなる発展をめざしてセザール・フランクに弟子入りし、室内楽、管弦楽、オペラと活動の幅を広げていく。

多くの文人同様、フランクもまたオギュスタの魅力の虜になったようだ。『ピアノ五重奏曲へ短調』には彼女への思いが溢れており、夫人や信奉者の顰蹙を買ったらしい。

一八八〇年一月一七日、国民音楽協会でフランクの同作がマルシック四重奏団とサン＝サーンスのピアノで初演された。演奏終了後、作曲者のフランクが差し出した手を、サン＝サーンスは顔をそむけて握ったという。ホールには「我が友、サン＝サーンスへ」という献辞のはいった自筆譜が遺棄されていた。オギュスタに好意を寄せていたサン＝サーンスが露骨な感情描写に嫌悪をいだいたためといわれている。

一九〇三年一月二八日にオギュスタ・オルメスが亡くなったとき、ドビュッシーは連載中の「ジル・ブラス」(二月二日)にこんな追悼文を書いた。

「音楽界はこの死を心から悲しんでいいだろう。夫人は非常な美女だった。また、幸福に必要なものをおそらくすべてもっていた。彼女は好んで音楽の夕べを催した。そんなことをしても、きぬぎぬの寂しさ、曰くいいがたい悲しみがあとに残るばかりだったが。

彼女はあの巨人(ヴァーグナー)と結婚しそこなうほどのヴァーグナー信者だった。この結婚の不成立の真因はいまだ不明のままだが、とにかく彼女はその後もヴァーグナー崇拝を守った。(中略)彼女は無数の歌曲を残したが、どれもすてきな官能性と濃密な音楽性をおびている。『黒い山』というオペラも一つある。これは全然当たらなかった。そんなことはたいしたことではない。彼女のおかげで、魅力的で健康な音楽が聴けたということは、そんなことで帳消しになるものではない」(『音楽のために　ドビュッシー評論集』杉本秀太郎訳、白水社)

彼女よりひとまわりも年上なのにずっとあとまで生き残ったサン＝サーンスは、こんなふうに回想する。

「私たちはみな彼女に恋していた。文人も学者も画家も音楽家も――彼女を自分の妻にできればどんなに誇らしいことか、と皆がそう思っていた」(『女性作曲家列伝』)

そのオギュスタが結婚することなく五人の子供の母親となり、三〇年近い愛人生活を送ったのだから、これまた皮肉なものである。

IX　ポリニャック大公妃

シンガー・ミシンの創業者の娘に生まれ、七月革命で退陣したシャルル一〇世の大臣の息子と結婚したポリニャック大公妃（一八六五―一九四三）がコルタンベール街とアンリ＝マルタン街で開いたサロンは、時期的にサン＝マルソー夫人のそれと不思議なほど重なっている。

生まれた年はサン＝マルソー夫人が一八五〇年、ポリニャック大公妃は一八六五年、最初の結婚は前者が一八七〇年、後者は八七年と隔たりはあるが、サン＝マルソー夫人が夫と死別したのと、ポリニャック大公妃が離婚したのが同じ一八九一年。再婚は前者が一八九二年で、ボーニ夫人からサン＝マルソー夫人になり、後者は九三年、セ＝モンベリアール公爵夫人からポリニャック大公妃となった。

サン＝マルソー夫人は一八七五年から一九二七年、ポリニャック大公妃は一八八七年から一九三九年まで、つまり世紀をまたいで五二年にわたってサロンを開いている。

しかし、それ以外のことは真逆だった。サン＝マルソー夫人のサロンが彼女のお気に入りによる親密な空間だったとすれば、ポリニャック大公妃のそれはより社会とむすびついていた。

一八八〇年代から国民音楽協会に出資し、オペラ座、パリ交響楽団の活動に寄与し、ディアギレフ率いるロシア・バレエ団にも助成を惜しまなかった。

前衛音楽に理解のある大公妃は、彼女のサロンで多くの新作を初演し、演奏家には出演料を支払い、先物買いで若い作曲家にどんどん作品を委嘱した。ストラヴィンスキーのバレエ音楽『狐』、プーランク『二台のピアノのための協奏曲』は大公妃の委嘱によって書かれた。彼女は、上流階級のサロンには出入りしなかったエリック・サティに交響的ドラマ『ソクラテス』(一九一八)を依頼した人物として音楽史に名を刻まれるだろう。

ポリニャック大公妃

大公妃の死後、彼女のサロンはシンガー＝ポリニャック財団の拠点となり、現在でもシンポジウムやコンサートを主催し、奨学金制度で若い音楽家たちを支援している。

アルベール・サマンは若き日の彼女のポートレイトを次のように描写する。

「二五、六歳で大柄で、痩せてほっそりしている。顔つきは繊細で知的で、額と顎に意志的な何かを感じさせた。口元はきりりと結び、わずかに出た下唇がその微笑に尊大さを加味していた。英語のアクセントでゆっくりとしやべった。彼女は時代の芸術運動に非常に敏感だった。最先端の雑誌を読み、稀な展覧会に通じ、熱心にバイロイトに行き、新しい芸術への試みに心から興味をいだいていた」(*Mécènes et Musiciens*)

一八六五年にニューヨークで生まれたウィナレッタ・シンガーは二歳のときからフランスに渡り、両親が購入したマルゼルブ街八三番地の広大な邸宅で育った。父親は彼女が一〇歳のときに莫大な遺産を残して亡くなり、母親はベルギー貴族と再婚し、一八七八年ごろからクレベール街で音楽サロンを開いている。

「母のサロンはすぐにパリの音楽と芸術の中心になっていった」とウィナレッタは「回想録」で語る。

「私はここで初めてクラシックの重要なレパートリーを体験したのだ。毎週のようにパリ一の音楽家たちによって演奏される弦楽四重奏曲を聴くことができた。当時は非常に稀で、それ以降はもう見つからなくなる楽器によって。というのも、母は長い間の探索によってカルテット二つぶんのストラディヴァリウスを所有していたからだ。まだごく幼いころから、私はベートーヴェン、モーツァルト、シューベルトのすばらしい作品を聴いて育った。とりわけ、ベートーヴェンの最後の一〇番から一七《ママ》番の弦楽四重奏曲は、当時はまったく理解不可能と言われていた。中でも第一四番は私に強い印象をあたえた。私の一四歳の誕生日、さまざまな豪華な

プレゼントの中で、私を一番喜ばせたのはこのお気に入り作品の演奏だった」（前掲書）

一八八一年の夏、ノルマンディの海沿いの別荘で、ウィナレッタははじめてフォーレに会っている。ドーヴィルとオンフルールの間の断崖に位置するヴィレヴィル村は、夏の間多くの芸術家たちが訪れることで知られ、フォーレも、家族ぐるみのつきあいをしていたクレール家の屋敷で夏を過ごすのを常としていた。ウィナレッタは、母の夜会に呼ばれたフォーレが弾くシューマンに魅せられ、近付きになりたいと願ったという。

翌一八八二年には、母に連れられてワーグナーの楽劇を観るためにバイロイトに赴いている。まだ一七歳の少女は、とりわけ『パルジファル』に啓発された。

ウィナレッタは一八八七年、セ＝モンベリアール公爵と結婚する。その少し前、彼女はコルタンベール街とアンリ＝マルタン街が接する角地を購入し、アンリ＝マルタン側に邸宅、コルタンベール側に厩と温室、そして音楽用のアトリエを備えた大邸宅を建てる。

サン＝マルソー夫人が親密な空間の記録を日記として残したのに対して、ポリニャック大公妃は、記録に残っているだけでも月に一―二回のペースでコンサートを開催しつづけた。シルヴィア・カーン著『ウィナレッタ・シンガー＝ポリニャック』の巻末には、大公妃が亡くなる数カ月前まで催された音楽夜会の演目と演奏者のリストが掲載されている。

その第一回、一八八八年五月二三日には、シャブリエのオペラ『グヴァンドリーヌ』が上演されている。二年前にベルギーのモネ劇場で初演されたが、パリではまだ上演の機会が得られなかったものだ。ソリストと二四人の合唱隊、ラムルー管弦楽団の有志による小編成のオーケストラ。フォーレはハルモニウムと指揮で、シャブリエはピアノで参加している。ヴァンサン・ダンディとアンドレ・メサジェが打楽器で参加、というのがおもしろい。

一八八〇年代の終わりから、ウィナレッタはパリの著名な文芸サロンや音楽サロンに足しげく通うようになる。一八九〇年代はじめには、「薔薇の花の画家」として知られたマドレーヌ・ルメール夫人のサロンでレイナルド・アーンに出会い、ピアニスト、エドゥワール・リスレールとの共演に接する機会を得た。彼らとの友情は長くつづき、美学上の意見の相違によって傷つけられたときすらも損なわれず、サロンの客でありつづけた。

ウィナレッタはまた、先輩のサン゠マルソー夫人の「金曜日」に招かれることを誇りに思っており、「偉大な夫人たちの中でも彼女はその知性によって君臨していた」と回想している。マルゼルブ街の「金曜日」で彼女はドビュッシーやラヴェルにはじめて会った。

一八九一年、ウィナレッタはセ゠モンベリアール公爵と離婚。翌年にはコルタンベール街のアトリエの中に一種のペントハウスのような別荘を建て、以前から夢想していたように、カヴァイエ・コル製のオルガンを設置した。ポーリーヌ・ヴィアルドもドゥエ街のサロンに設置していたものだ。翌年の一月、フォーレとともに昼食に招かれたアルベール・サマンは、家族への手紙でその豪華な内装について報告している。

「彼女は建設したばかりのアトリエを見せてくれた。巨大な空間で、二階の高さのところに円形のギャラリーがあり、円天井とあいまって最高の音響効果を生んでいた。オルガン用のホールは構築中とのことだった」(前掲書)

一八九三年にウィナレッタは三〇歳年上のエドモン・ド・ポリニャック大公と再婚する。グレフュール伯爵夫人の従兄弟で、ロベール・ド・モンテスキュー伯爵の友人でもあった。ウィナレッタに結婚をすすめたのは彼ららしい。夫も妻も同性愛者で、いわゆる白い結婚だったが、音楽への情熱と思考の類似性が二人をむすびつけたと思われる。

パリ音楽院で作曲を学んだ大公は、国民音楽協会のメンバーで、スコラ・カントルムの副理事長をつとめ、ヴァンサン・ダンディとも近しかった。

新夫の立ち位置はサロンのプログラムにも反映されている。

一八九五年四月二三日にはラモーのオペラ『ダルダニュス』が抜粋で上演され、ハインリッヒ・シュッツの混成合唱曲も取り上げられている。シュッツはドイツ初期バロックの作曲家で大バッハの一〇〇年前に生まれた。ところで、フレンチ・バロックの作曲家ラモーはバッハと同世代なので、ほぼ一〇〇年を隔てたプログラムということになる。

一八九八年七月八日は、スコラ・カントルムとの共同主催で、バッハ、オルランド・ディ・

ラッソといった一六世紀、一七世紀の作曲家とデオダ・ド・セヴラックなど現代の作曲家の作品を並べ、ポリニャック大公自身の作品もとりあげられている。

コレットはサロンの模様を次のように描写する。

「フォーレがピアノの前に座り、バジェスがシューマンかピエール・ド・ブレヴィユの短いメロディを歌っている間、でなければエドゥワール・リスレールが演奏している間、ポリニャック大公はカナッペに座り、ずっとデッサンしていた。私もほんの少しの出費で、きれいに描いてもらっていたらどんなによかっただろう。そのことをずっと後悔している」(前掲書)

コレットが肖像を描いてもらわないうちにポリニャック大公は亡くなってしまった。

一九〇一年八月、夫の死を機に、ウィナレッタは若い建築家に依頼し、今度はアンリ＝マルタン街にネオクラシック様式の壮大な邸宅を建てる。工事は一九〇五年に完成し、従来のコルタンベール街のアトリエ(オルガンと二台のピアノがあった)に加え、アンリ＝マルタン街の広大なサロン(一〇〇人を収容することができた。のちにミシアの三番目の夫となるホセ・マリア・セールが装飾をほどこす)の両輪でサロンを開催することになる。

以降三〇年以上の間、ウィナレッタはすぐれたプロデュース能力を発揮し、莫大な遺産をもとに、広大なスペースを芸術創造の場として最大限に活用することになる。

ロシア・バレエ団の主宰者ディアギレフとの出会いは一九〇六年のことだ。一一月末か一二月はじめ、ロシア皇帝ニコライ二世の大叔父でパリに住むパーヴェル大公の夜会に出席したヴィナレッタは、招待客の中に大公の同胞の大柄な男性を見かける。黒い髪を分ける一筋の白いメッシュがチンチラの毛皮を連想させた。それがセルゲイ・ディアギレフだった。興行主としても音楽界、美術界、舞踊界の偉大な目利きとしても国際的な名声を馳せた人物である。のちにウィナレッタは、この魅力的な男性の「新しいロシア演劇を広めようとする無私無欲の意志」に打たれたと回想している。

一九〇六年といえば、ディアギレフがパリに登場した最初の年だ。皇帝の大叔父ウラディーミル・アレクサンドロヴィチ大公(パーヴェルの兄)を組織委員長に迎えたロシア人画家の展覧会を成功させ、美貌のメセナとして知られるグレフュール伯爵夫人の後ろ楯で社交界に進出するきっかけをつかんだ。

一九〇七年には、パリの興行師ガブリエル・アストリュックとグレフュール伯爵夫人の支援を得てオペラ座を五日間借り切り、「ロシア歴史音楽会」を開催している。作曲の師リムスキー゠コルサコフの口添えで著名な音楽家を招聘し、グラズノフ、スクリャービン、ラフマニノフによる自作自演を披露したが、とりわけ、シャリアピンが歌うボロディン『イーゴリ公』やムソルグスキー『ボリス・ゴドゥノフ』のアリアは圧倒的で、評判は一挙にひろがった。

翌年五月一九日、同じくシャリアピンを主役に据えた『ボリス・ゴドゥノフ』がヨーロッパではじめて全幕上演され、大成功をおさめた。プログラムには支援者としてポリニャック大公妃の名前が、グレフュール伯爵夫人のすぐ下に記載されている。

その二週間後、ディアギレフとアストリュックの間で、次のシーズンにはオペラとともにバレエを上演するアイディアがもちあがる。『ボリス』はロシア大使やフランス側の公使アリスティッド・ブリアンの出資を得ていたが、バレエとなるとさらに充実した支援が必要になる。

六月四日、ポリニャック大公妃は、ウラディーミル大公はじめ貴族や富裕なブルジョワなど一〇〇名以上の出席者による大宴会を開き、ディアギレフとアストリュックは多くの経済的支援をとりつけたのだった。『ボリス・ゴドゥノフ』の舞台に感銘を受けたミシア・セールも重要な出資者の一人になった。

一九〇九年二月にはウラディーミル大公が急死して財政難に陥ったものの、バレエ中心のプログラムに切り換え、五月―六月、マリインスキー劇場の踊り手やスタッフをシャトレ座に大移動させて「セゾン・リュス」が開催される。チェレプニン『アルミードの館』やボロディン『イーゴリ公』から「ダッタン人の踊り」、ショパン『レ・シルフィード』などが上演され、男性ダンサーの群舞やニジンスキーの驚異的な跳躍が話題を呼ぶ。これが、一九二九年までつづくロシア・バレエ団の幕開けである。

ウィナレッタは、当初は資金援助するだけだったが、やがて自分が選択した演目に対して制限のない出資をするようになった。ニジンスキーの妹が振り付けたストラヴィンスキーの『狐』も、もともとはウィナレッタの委嘱によるものだった。一九一六年一月、ウィナレッタから、報酬二五〇〇スイスフランで「あまり規模の大きくない管弦楽作品」を依頼されたストラヴィンスキーは、ロシアの民話から『狐』を構想した。のちにロシア・バレエ団に譲られ、一九二二年五月一八日にオペラ座で初演されている。

一九一六年四月一八日、モンパルナスのユイガンス音楽堂で開かれた「サティ&ラヴェル」コンサートに出席したウィナレッタはサティに興味をもち、かねてから温めていた『ソクラテス』にもとづく交響的ドラマを委嘱する。報酬は前受け金と完成謝礼がともに二〇〇〇フランで、あまりの高額提示にとまどったサティもテーマに惹かれて承諾した。

テキストはプラトン『対話篇』のうち「饗宴」「パイドロス」「パイドン」から抜粋し、仏語訳をサティ自身がアレンジしたもので、「ソクラテスの肖像」「イリソスのほとりに」「ソクラテスの死」の三部からなっている。タイトルこそ「交響的ドラマ」だが、全編を通じてドラマティックなところはほとんどなく、短く完結するフレーズの上に淡々と語るような歌が乗っている。登場人物はソクラテスと彼の弟子たちなのだが、「古典古代のように白く純粋にしたい」意向をもっていたサティは、透明性をもたせるために、あえて女声=三人のソプラノと一人のメゾ・ソプラノを配した。重複がないので、一人の歌手が歌うことも可能だった。

初演に関しては諸説あるが、ヴァランティーヌ・グロスによれば、一九一八年六月一四日、ジャーヌ・バトリのサロンでバトリ自身の独唱とサティのピアノで、一九年二月一六日にはポリニャック大公妃のサロンで、オルネラ・ヴォルタによればジャーヌ・バトリの歌と小編成の室内オーケストラ(シルヴィア・カーンによれば、少年のソプラノと子供の合唱団)によっておこなわれた。

三月二一日には、アドリエンヌ・モニエの『本の友』書店でシュザンヌ・バルグリーの歌とサティのピアノで試演会が催されている。聴衆が多いのでマチネとソワレの二回上演し、ジッド、レオン＝ポール・ファルグ、クローデル、ジャム、ヴァレリー、ジョイス、ピカソ、ブラック、プーランク、ストラヴィンスキーらが喝采を送った。翌年二月一四日には、国民音楽協会(パリ音楽院ホール)で公式初演されたが、サティ自身の言によれば、聴衆は「プラトンの言葉を笑った」という。

サティを実験音楽の先駆者と評価し、『ソクラテス』の重要性に着目したジョン・ケージは、二台ピアノ用に編曲し、旋律断片をもとに『チープ・イミテーション』を書いている。

『ソクラテス』を作曲中に、サティの身にとんでもないことが持ち上がった。ロシア・バレエ団による『パラード』は一九一七年五月一八日にシャトレ座で上演され、タイプライターを使った音楽や突飛な演出で物議をかもしたことはよく知られている。

「ラ・グリマース（しかめっつらの意）」という雑誌の批評家ジャン・プエグが「調子はずれの道化師サティは、タイプライターや騒音を用いて作曲した」と批判したので、激怒したサティは抗議の葉書を送った。そこには、サティが若い時期を過ごしたモンマルトル界隈のキャバレ風の卑猥な表現が含まれていたので、あろうことか批評家に訴えられ、刑事事件で告訴されてしまう。結果は有罪で、禁固一週間と一〇〇フランの罰金、プエグに対する損害賠償として一〇〇〇フラン払うように命じられたのである。

控訴審を待つ間、コクトーがウィナレッタにかけあい、弁護士会会長に面会したものの、全面的な謝罪が必要だと言われたらしい。控訴審では一審を支持する判決がおり、怒り狂ったコクトーがプエグ側の弁護士を殴るという騒ぎまで起きた。

結局、ウィナレッタが一一〇〇フランを肩代わりし、ミシアは司法大臣に頼み込んで、「今後五年間の品行方正と懲役刑を受けない」ことを条件に無罪放免となった。

ポリニャック大公妃の委嘱によって生まれた作品の中に、スペインの作曲家ファリャが台本と音楽を担当した『ペドロ親方の人形芝居』もある。初演は一九二三年六月二五日、アンリ＝マルタン街のサロンで行われたが、ウラディーミル・ゴルシュマン指揮の室内オーケストラ、デュフランヌのバリトン、ワンダ・ランドフスカのチェンバロという豪華メンバーで、リカルド・ビニェスとプーランクは、なんとピアノではなくマリオネット操作係をつとめている。

「サロンの女主人は居並ぶ上流の招待客をはるか後ろにして、一人だけ最前列のソファに腰を下ろした。曲を披露されるといっても、必ずしも作曲家が演奏後の夜食に招かれたわけではなかった」(オルネラ・ヴォルタ『書簡から見るサティ』田村安佐子、有田英也訳、中央公論社)

上演後、ウィナレッタが出演者のみならず作曲家のファリャも夕食に招かず、食堂で冷たい食事を取らせたため、怒った彼らは再演を拒否している。ウィナレッタは莫大な委嘱料を出したが、彼女にとってアーティストは使用人と同じだったらしい。

「出演者は食堂で冷たい食事……」に類した処遇は、現在の日本でのサロンコンサートでもたまに経験することがある。

X　グレフュール伯爵夫人

マルセル・プルーストは、今でこそ二〇世紀文学の金字塔『失われた時を求めて』の著者として名高いが、初巻刊行当時は単なる社交界評論家と思われていた。実際に、一九〇三、四年には「ドミニック」「ホレーショ」という筆名でマチルド皇妃、ポリニャック大公妃、ルメール夫人などのサロンについて「フィガロ」紙にレポートを寄稿している。

一九一二年に第一篇「スワン家のほうへ」が完成したとき、ファスケル、オランドルフ社に自費出版を申し入れるが断られ、「新フランス評論(N・R・F)」の版元のガリマール社にも拒否されてしまう。

一九一三年に刊行されると話題を呼び、「新フランス評論」で内部批判が起きた。メンバーの一人アンドレ・ジッドはプルーストに謝罪の手紙を書いたが、拒否の理由が「社交界のことを書いた小説と勘違いしていた」というものだった。

一八九四年五月三一日付「ゴーロワ」紙に「トゥ・パリ(パリの名士たち)」の筆名で掲載された『ヴェルサーユ文学祭』では、世紀末のダンディ、モンテスキュー＝フザンザック伯爵が

グレフュール伯爵夫人

催した祭りの模様が微に入り細を穿って綴られている。「金色燦然たる鉄格子門が、ヴェルサーユ劇場へとまっすぐ通ずる広いパリ大通りに向かって開かれている。鉄柵の一方の端に迫るように瀟洒な翼棟がそびえている。玄関前の砂地の道には幅広の赤絨緞が敷かれ、通路には花々が、バラの花が撒かれている。愛想よい微笑を浮べ、大変心優しい、この閑静な住居の主が招待した友人らを入口で迎えている。木立の蔭に姿をひそめたオーケストラが囁くように甘美な音楽を奏でている。（中略）観客席は満員である。何とすばらしい客たちだろう！　まさに、パリの名士名流夫人一堂に会す！

感じのよい服装のグレフュール伯爵夫人、淡紅色のリラを思わせる色合いの絹のドレスに蘭の花をあしらい、同じ色合いの絹モスリンを肩から垂らし、蘭の花飾りのついた帽子にはリラの色のやわらかい紗がかかっている」（『プルースト全集15』後藤辰男訳、筑摩書房）

モンテスキューの母方の従姉妹グレフュール伯爵夫人が最初にあげられており、それから伯爵夫人や公爵夫人や大公妃が、彼女たちがまとうドレスや帽子や小物まで含めて詳しく紹介され、その数ざっと五〇名。さらにその夫たちやロダンバック、アンリ・ド・レニエ、ジュディット・ゴーティエ、ド・エレディアらの文学者……と延々とつづく。ところでプルーストは、新聞に掲載されたその日にモンテスキューに手紙を書き、せっかくご婦人方に見てもらって直しを入れたのに服飾の記述がカットされている、たとえば「サラ・ベルナールの装いの綿密な描写がなくなって、そのかわりに曖昧で月並みなことが書かれている……」と文句を言っている。じゅうぶん詳細に描写されていると思うが。

「文学祭」と銘打たれているのに、実際は音楽と朗読の会だったらしく、レオン・ドラフォスがバッハやショパン、ルビンシテインを弾き、レシェンベルク嬢がヴェルレーヌやモンテスキュー伯爵の詩を朗読し、サラ・ベルナールがレシェンベルク嬢、バルテ嬢とともにアンドレ・シェニエの「ヴェルサイユを讃えるオード」の各節を分誦し……と、これまた延々とつづく。

モンテスキュー＝フザンザック伯爵とグレフュール伯爵夫人（左から２人目）

　のちに『失われた時を求めて』のゲルマント公爵夫人のモデルとなるグレフュール伯爵夫人は、「エドモン・ド・ポリニャック大公妃のサロン」という記事にも登場する。

「コルタンベール街のホールでの音楽会は、音楽上の観点からしてつねにすばらしく、あるときは『ダルダノス』の上演のような、昔の音楽の完全な演奏を聴くこともできたし、またあるときはフォーレの近作の歌曲全部、フォーレのソナタ、ブラームスの舞踏曲などの、独創的で熱烈な演奏を聴くこともできたのであるが、これらの音楽会はまた社交欄担当記者の常套句を使えば「この上もなく優雅」なものだったのである。しばしば昼日中に催されたこの祭典は、ガラスのプリズムを通して陽光がアトリエのなかに点した無数の微光できらめくのだった。そして、きらびやかで陽気なグレフュール伯爵夫人を、その場所に、つまり良き審判者にして熱烈な支持者の場所、美の女王の場所に、大公が案内するのを目にするのは、心を魅する事がらであった」(前掲書、若林真訳)

本人に行き着く前に字数が尽きてしまいそうである。

結婚前の名前をエリザベト・ド・カラマン＝シメイと言った伯爵夫人は、貧しい貴族の生まれながら音楽に囲まれて育った。彼女の父はシャルル・ド・ベリオとヴュータンに師事したアマチュアのヴァイオリニストで、モンテスキュー＝フザンザック家出身の母は、ショパンの最後の弟子の一人にピアノを習い、さらにクララ・シューマンやリスト、グノー、アントン・ルビンシテインを自宅に招いていたという。

一八七八年にベルギー貴族のアンリ・グレフュールと結婚。エリゼ宮に程近いアストルグ街八番地に居を定める。一八八八年に父が世を去ると、アンリは爵位を受け継ぎ、同時に莫大な遺産を相続した。伯爵夫人はその美貌と抜群のファッション・センスと相まっていわゆる「トゥ・パリ」の女王として君臨することになる。アストルグ街のサロン、ボワ・ブドランの城、ディエップの別荘に多くの音楽家を招いて音楽夜会を催した。

前にも書いたように、誰もが音楽を聴かないでしゃべっていた、というポリニャック大公妃のサロン、自然におしゃべりが止まったというサン＝マルソー夫人のサロンと違い、グレフュール伯爵夫人は客席に「静寂さ」を求めた。コンサートのプログラムには「演奏途中の出入場はご遠慮ください」という注意書きが書きつけられていたという。

一八八〇年代から開催しはじめたサロンの出演者リストには、ジャック・ティボーやウージェーヌ・イザイなどのヴァイオリニスト、コンセール・コロンヌの首席ヴィオラ奏者だったピエール・モントゥー、管楽器の室内楽協会を立ち上げたポール・タファネルの名前が見える。

ピアニストはさすがに多く、エドゥワール・リスレール、ルイ・ディエメール、ラウール・プーニョ、アルフレッド・コルトー、アルトゥール・ルービンシュタインと錚々たる名前が並ぶ。一八八八年にニューヨーク・デビューを果たした天才少年ピアニスト、ヨーゼフ・ホフマンもいた。

フォーレも、一八八六年ごろからモンテスキュー＝フザンザック伯爵の手引きでグレフュール伯爵夫人のサロンに出入りするようになる。夫人はアストルグ街で隔週の水曜日に音楽会を開いていたが、八七年のプログラムはすべてフォーレに任されていたという。「短く、あまり難しすぎず、だが、芸術的で、少数の楽器と女性歌手一人、男性歌手一人のプログラム」という依頼は、当時のサロンの傾向をよくあらわしている。

よく知られたフォーレの『パヴァーヌ』はこの年の夏に書かれ、グレフュール伯爵夫人に献呈されている。もともとオーケストラ曲として作曲されたが、夫人のすすめでモンテスキュー伯爵のテキストによる合唱がつけられ、八八年四月二八日、国民音楽協会のコンサートで初演された。

一八九一年七月二一日、グレフュール伯爵夫人はブーローニュの森の島で祝宴を催し、ワーグナーの『ジークフリート牧歌』やフォーレ『月の光』『子守歌』とともに、バレエ用に編曲された『パヴァーヌ』を上演している。ダンサーたちが、木立の陰に隠されたオーケストラと合唱団をバックに踊るという、ルイ王朝の「雅びなる宴」さながらの情景がくりひろげられた。

一九一六年になって、『パヴァーヌ』はロシア・バレエ団の『ラス・メニナス（女官たち）』の音楽として取り上げられるだろう。

国民音楽協会の改革に奔走してきたグレフュール伯爵夫人は、一八九〇年四月、グノーを名誉総裁に「フランス大音楽演奏協会」を設立する。古い音楽、同時代音楽の分野で、あまり知られていない作曲家の作品を紹介する目的で、既存の協会とは独立した組織を考えたのである。国民音楽協会も同様の目的で設立されたのではあるが、フランクが亡くなり、ヴァンサン・ダンディが引き継いで以来保守化の傾向にあった。

同年六月には、オデオン座でベルリオーズ最後の大作『ベアトリスとベネディクト』をフランス初演し、大成功をおさめている。

一八八八年五月二二日にポリニャック大公妃のサロンでシャブリエのオペラ『グヴァンドリーヌ』が上演されたことは前章で書いた通りである。その後、公的に演奏される機会はなかったが、一八九二年六月、自分のサロンでシャブリエに作品を弾いてもらったグレフュール伯爵夫人は、オペラ座の支配人ベルトランにコンタクトをとる。七月一三日にアルトルグ街で試演会がおこなわれ、翌年一二月二七日にフランス初演が実現している。

一九〇二年には、ワーグナーの楽劇『神々の黄昏』のフランス初演を企てた興行師シュッツとピアニスト・指揮者アルフレッド・コルトーの資金集めに協力し、シャトー＝ドー劇場での全一五回上演(実際には一〇回)を実現させた。

一九〇四年からはジャーナリストで興行師のガブリエル・アストリュックと協力関係をむすび、海外好きで知られたアストリュックの影響で、海外のアーティストに目を向けるようになる。同年四月には、サラ・ベルナール座が主催したヴェルディ『リゴレット』の上演を後援、リナ・カヴァリエリとエンリコ・カルーソーのパリ・デビューを演出した。

伯爵夫人のサロンは、一種のコンクールの役目を果たしたようだ。一九〇四年一二月に新劇場でデビューしたピアニストのアルトゥール・ルービンシュタインは、まだ一七歳だった。アストリュックから推薦された夫人は、ボワ・ブドランの城に呼んで、イタリアの作曲家カエターニとともに彼のピアノを聴いた。

「何か弾くように」と言われた少年がショパンの『ポロネーズ』を弾くと、ワーグナー・ファンのカエターニから『ニュルンベルクのマイスタージンガー』の前奏曲を所望される。ルービンシュタインはそれを暗譜で弾き、「技術ではなく、音楽そのものを求める姿勢」に魅せられた夫人は「フランス大音楽演奏協会」での支援を決めたという。

リヒャルト・シュトラウス『サロメ』のパリ初演も、夫人のさし金によるものだった。「ル・タン」という新聞で、ピエール・ラロが『サロメ』初演に立ち会った記事を読んだ伯爵夫人は、一九〇七年一月にサロンでピアノによる試演会を計画した。

立ち会ったガブリエル・アストリュックは次のように回想している。

「グレフュール伯爵夫人はいつも面白い催しを探索している。アストルグ街のサロンで開催される「フランス大音楽演奏協会」でピアノによる作品の読譜をおこない、それはパリ中の有

識者の関心を集めた」(*Mécènes et Musiciens*)

同年五月、アストリュックはシャトレ座を六日間借り、作曲家自身の指揮による『サロメ』のドイツ語上演にこぎつけた。

アストリュックは、ディアギレフ率いるロシア・バレエ団のフランス側興行主として、宣伝・劇場の手配、資金ぐり、マスコミ対策にかかわっていたが、二人を引き合わせたのもグレフュール伯爵夫人だった。一九〇六年の絵画展の折りから名誉委員長に名を連ねた夫人は、一九〇七年の「ロシア歴史音楽会」の際には「フランス大音楽演奏協会」として支援し、その成功によって〇八年に『ボリス・ゴドゥノフ』の上演が企画されたときも、パリ中のメセナに呼びかけて後援会を組織した。

一九〇九年二月に政府側後援者のウラディーミル大公が急死して「セゾン・リュス」が窮地に立たされたときも、ミシア・セールとともに資金集めに尽力している。自身はそこまでの財力がない夫人は、アイディアと豊富な人脈、抜群の集客能力で貢献したのである。

「フランス大音楽演奏協会」主催公演でよく知られているのは、一九一〇年四月一七日、シャトレ座で開かれたマーラー指揮コロンヌ管弦楽団の演奏会である。このときマーラーは自作の『交響曲第二番』も振っているが、アルマ・マーラー『回想』によれば、列席していたドビュッシーとデュカ、ピエルネが二楽章の途中で席を立ったという。

このエピソードは、日本国内で出版されているマーラーやドビュッシーの評伝にも紹介されているのだが、まずありえないだろう。

ピエルネはアルフレード・カゼッラを助手にリハーサルを仕切っていたし、マーラーに敬意を表するレセプションも主催している。デュカもドビュッシーも、マーラーに失礼な態度をとれない山ほどの理由があったはずだ。

マーラーは一九〇九年一一月にニューヨークでデュカの『魔法使いの弟子』を振っているし、パリ公演の一、二カ月前にもドビュッシーの『夜想曲』や『牧神の午後への前奏曲』を指揮している。彼の辞任のため実現しなかったが、一九〇七―〇八年のシーズンには宮廷歌劇場で『ペレアスとメリザンド』もウィーン初演される予定だった。

それより不思議なのは、一九〇八年七月にパリのエージェントがマーラー夫妻と親しいクレマンソー夫人を介してグレフュール伯爵夫人にコンタクトをとったとき、夫人が「注目すべき交響曲を書いている著名な作曲家・指揮者」のことを知らなかったらしいことである。

マーラーを敬愛するカゼッラが彼の作品をパリの聴衆に紹介したいと思い、クレマンソー夫人に仲介を頼んだらしいが、一九〇八年といえば、マーラーはすでに六番までの交響曲を初演し、監督をつとめていたウィーン宮廷歌劇場を辞任してニューヨークに渡り、一月にワーグナー『トリスタンとイゾルデ』でメトロポリタン・デビューを果たしている。レコードもインターネットもない時代、ウィーンやニューヨークの名声はかくも伝わらないのか。

その年の一二月、カゼッラはグレフュール伯爵夫人のサロンで、ガブリエル・アストリュックの列席のもと、四手連弾で『交響曲第二番』を弾いてきかせている。このマニフェストが功を奏し、一九一〇年四月一七日、シャトレ座でのコンサートが実現した。

その三日後、ガヴォー・ホールでラヴェル率いる「独立音楽協会」のオープニング・コンサートが開催されたのは象徴的である。初代総裁はフォーレがつとめたが、彼は国民音楽協会との兼任だった。執行委員にはナディア・ブーランジェ、アルチュール・オネゲル、ジャック・イベール、シャルル・ケックラン、モーリス・ラヴェル、アルベール・ルーセル、フローラン・シュミット、アルノルト・シェーンベルク、マヌエル・デ・ファリャ、ベラ・バルトーク、イーゴリ・ストラヴィンスキーが名前を連ねている。

発足当時は国民音楽協会寄りだったグレフュール伯爵夫人の「フランス大音楽演奏協会」だが、「独立音楽協会」の設立に刺激を受けたのだろうか。一九一三年六月二二日、つまりストラヴィンスキー『春の祭典』初演のひと月後にシャトレ座で「ヨーロッパの未刊行作品による演奏会——独立音楽協会との競演」と題したコンサートを開催している。

トマス・ビーチャムらの指揮でとりあげられた演目は、ドビュッシーの管弦楽のための『映像』から「イベリア」のようにすでに初演された作品もあったが、ラヴェルの管弦楽曲『ダフニスとクロエ』から第二組曲が世界初演されるとともに、新ウィーン楽派のシェーンベルク『グレの歌』第一部の最後の場、カゼッラの『ある悲劇へのプロローグ』、イギリスからフレデリック・ディーリアスの『アパラチア』、ヴォーン・ウィリアムズの『ノーフォーク・ラプソディ』のフランス初演などもおこなわれた。

これが「フランス大音楽演奏協会」最後の主催公演となった。

XI　ルメール夫人とプルースト

出世競争する若者たちはこぞって上流階級のサロンに出入りするが、そのサロンを主宰する夫人たちにもまた、出世争いがあった……というのが、プルーストが『失われた時を求めて』の中で、「薔薇の花の画家」ルメール夫人がモデルの一人と言われるヴェルデュラン夫人を通じて描きだそうとしたことだった。

ひと口にサロンと言っても、主宰するのは上流貴族の夫人ばかりではない。これまで見てきた中にも、ニナ・ド・ヴィヤールやポーリーヌ・ヴィアルド、サン＝マルソー夫人がいた。鈴木道彦『プルーストを読む』（集英社新書）によれば、ブルジョワの女性が曜日を定めて自宅で招待客をもてなす風習は、七月王政期（一八三〇―一八四八）にほぼ定着したという。午後の二時から七時ぐらいまでのマチネとそれ以降のソワレの二種類があった。

プルーストは、「サロンを開くことのできる裕福な階層で、何よりも貴族の称号を持たない」人々をブルジョワと定義しており、その典型例がヴェルデュラン夫人だった。

「もと美術評論家だった夫を持つ非常に裕福な婦人で、普段その邸の夕食に顔を見せている常連客を、ときおりレストランや劇場に招待したり、ヨットの周遊旅行《クルージング》に招いたりして、金にあかせたさまざまな楽しみを彼らに提供するのだが、その集いの構成メンバーは、むろん貴族のサロンとは違っている」(『プルーストを読む』)

のちに株式仲買人の息子スワンと結婚することになる高級娼婦のオデットは、上流貴族のサロンには出入りできないが、ヴェルデュラン夫人のサロンでは快く迎え入れられる。夫人自身が、上流社会には容れられず、貴族を「やりきれない連中」と呼んで軽蔑するふりをしているが、その実は羨望の念にとらわれている。

その夫人がステップアップするきっかけは、「新しい音楽」だった。オデットとともにヴェルデュラン夫人のサロンを訪問したスワンは、若いピアニストが弾く未知の音楽を聴く。ヴェルデュラン夫人が「わたしのソナタ」と呼ぶのは、ヴァントゥイユという老ピアノ教師が作曲した『ヴァイオリンとピアノのためのソナタ』で、そのときはピアノ用に編曲したものが演奏された。

架空の作曲家による架空の作品は、「ごく先端を行く傾向の一流派に大きな感動を呼び起こしたが、一般大衆には全然知られていない」類の音楽だった。聞く耳をもたないサロンの出席者にとって、それは「慣れ親しんだ形式とは無縁というほかない音符をでたらめに鍵盤上でつなげているだけ」と感じられた。一九六〇―七〇年代に流行した二〇世紀音楽も、愛好しない人々にとっては「猫がトタン屋根を歩く音」のように聞こえたらしい。「新しい音楽」に敏感なヴェルデュラン夫人は、ディアギレフ率いるロシア・バレエ団（バレエ・リュス）にもいち早く注目し、そのことが「サロンの出世」にも好影響をもたらす。

「ヴェルデュラン夫人の強みは、芸術に寄せる真摯な愛情であり、信者のために惜しまぬ労苦であり、社交人士を招かず信者のためだけに催すみごとな晩餐会であった」と『失われた時を求めて』（吉川一義訳、岩波文庫）の語り手は分析する。

ディアギレフがロシア・バレエ団を率いてパリ進出するに当たって、グレフュール伯爵夫人やポリニャック大公妃、ミシア・セールなどのメセナが尽力したことは前に書いた通りだ。『失われた時を求めて』の中では、その功績は、「それまでパリジェンヌたちの見たこともない巨大な羽根飾り」をつけた若いユルベレティエフ大公妃に帰せられている。そして、「あらゆる外国の芸術家のパリにおけるいわば公式特派員」を自認するヴェルデュラン夫人もまた、ロシアのダンサーたちにとっての全能の仙女の役を果たすようになる。

「バレエ・リュスに拍手喝采をおくる新たな人種が、見たこともない羽根飾りをつけてオペラ座に殺到したとき、二階正面ボックス席のユルベレティエフ大公妃のかたわらにはつねにヴェルデュラン夫人のすがたが見られた」（前掲書）

といっても、すぐに彼女のサロンに貴族たちが顔を出すようになったわけではない。

『失われた時を求めて』の語り手の行動は、当時の社交界の空気を反映しているのだろう。ヴェルデュラン夫人のサロンの招待を決して受けたことがなかった彼は、まず手はじめに、休暇中の別荘を訪ねることを思いつく。たまたま夫人が、ある地方貴族の所有になる海辺の別荘を借りたことを知り、知人に紹介状を書いてもらって晩餐会に出かけていく。最寄りの駅からローカル線に乗ると、予想通り「上流社会では相手にされないが、ヴェルデュラン家では常連」の面々が乗り込んでいた。

集まった客の中で貴族と言えるのは館の持ち主と、ヴァイオリニストのモレルを同伴したシャルリュス男爵ほか一名だった。

モレルはヴェルデュラン家の音楽夜会の出演者のひとりで、男色者のシャルリュスに見初められていた。彼が夫人のサロンでヴァントゥイユの遺作『七重奏曲』を演奏することになったとき、シャルリュス男爵は、知人の貴族やナポリ王妃を招待し、結果的に夜会の上流度が高まった。

「その夜、ヴェルデュラン夫人邸には、美術担当の政務次官だという正真正銘の芸術家肌で育ちのいいスノッブな男や、何人かの公爵夫人や、夫人を伴った三名の大使が来ていたが、この人たちが出席した直近の直接の動機は、シャルリュス氏とモレルとの関係にあった。この関係ゆえに男爵は、おのが若きアイドルの芸術上の成功ができるかぎり華々しいものになること

を願い、またその若者がレジオン・ドヌール勲章をもらえるようにしてやろうと考えていたのである」(前掲書)

夜会が終わり、シャルリュスに招待された貴族たちが自分には挨拶もせずに帰っていくのを目にしたヴェルデュラン夫人は復讐を誓う。第一次世界大戦中に夫を亡くし、破産した老デュラス公爵と再婚したものの二年で寡婦に戻った夫人は、最終篇「見出された時」では妻を失くしたゲルマント大公と再々婚を果たし、めでたく貴族の一員になる。

『失われた時を求めて』のモデルについては、ゲルマント公爵夫人がグレフュール伯爵夫人、その従兄弟モンテスキュー＝フザンザック伯爵はシャルリュス男爵とされている。ヴェルデュランの夫人のモデルは、サン＝マルソー夫人とも言われるが、『評伝 フォーレ』の著者ジャン＝ミシェル・ネクトゥーはマドレーヌ・ルメールが真のモデルだと断言する。

ルメール夫人のお気に入りの作曲家はレイナルド・アーンで、サロンの常連はサン＝サーンスやマスネやフォーレだから趣味は保守的。「新しい音楽」によって社交界でのランクアップを狙った形跡はないが、貴族ではないのにあらゆる画策をして上流階級の人々をサロンに迎え入れたところは似ているし、むしろはるかに成功していたかもしれない。

マドレーヌ・ルメールは一八四五年、南仏のヴァールに生まれた。一二歳のとき祖母が住むパリに出て、叔母のエルベラン夫人が主宰するサロンでロッシーニやドラクロワ、アレクサンドル・デュマ父子、マチルド皇妃などに会っている。このうちデュマ・フィスとはのちに愛人関係を結ぶ。一四歳のとき、ナポレオン時代の肖像画家シャプランについて絵を習いはじめる。彼のアトリエでカジミール・ルメールと出会い、一八六五年に結婚。

その一年前、デュマ・フィスの後押しでサロン・ド・パリに初出展、画家としてのキャリアを踏み出した。ついで社交界にパイプのある肖像画家ペローと関係し、サロンに出入りするきっかけをつかんだ。

佐々木涼子「プルーストとマドレーヌ・ルメール」(『三田文学』)によれば、「大柄な身にキンキラキンの夜会服を雑にまとって、数多いパーティの差配をふるう一方、日中は、売れる絵を大量に」描きまくるエネルギッシュな女性だった。花を好み、とりわけ薔薇を多く描いたので「薔薇の花の画家」と呼ばれた。なかなか商売上手で、どんなに小さな絵でも五〇〇フランの値をつけたという。

人気画家になったルメール夫人は、パリではモンソー街三一番地の中庭の奥にあるヴェネツィア＝ルイ一六世様式のアトリエ、海岸ではマルヌ県のシャトー・ド・レヴェイヨンで客人たちを迎え、ラ・ロシュフーコーはじめフォーブール・サンジェルマンの名士たちが出入りした。

プルーストの伝記作者ペインターによれば、一八九〇年代、「彼女のサロンは、ブルジョワのサロンのなかでも最も華々しく、最も人の出入りの多いところで、貴族階級の最高に閉鎖的なメンバーは別として、その当時の重要なものすべてに出会うことのできる唯一のサロンだった」という。

　モンソー街では、毎週火曜日の夜会のほか、詩と音楽のマチネも開かれ、異なるジャンルのアーティストたち、高名な人物と駆け出しの若者との出会いも可能になった。

　グレフュール伯爵夫人の従兄弟で「世紀末のダンディ」と呼ばれたモンテスキュー＝フザンザック伯爵は、一八九二年ごろからルメール夫人のサロンに出入りしはじめる。プルーストに会ったのもこのサロンだった。フィリップ・ジュリアン『一九〇〇年のプリンス』（志村信英訳、国書刊行会）によれば、一八九三年三月二三日、ジュリアン・バルテがモンテスキューの未発表の詩を朗読し、詩人は聞きいっていた。そのとき、ルメール夫人が一人の青年を紹介する。髪は暗褐色で、長い蒼白の顔に素晴らしい眼をしている。「この人はあたしの素敵なお小姓なの。マルセル・プルーストさん」。

ルメール夫人のアトリエ

　翌年五月二二日にプルーストは、生涯の友となるレイナルド・アーンに出会っている。このときは、テノール歌手のエドモン・クレモンが、モンテスキューのテキストにレオン・ドラフォスが音楽をつけた歌曲『コウモリ』を歌い、ジュリア・バルテが詩を朗読し、ドラフォスはピアノのための『前奏曲』を自演した。

一八九五年五月二六日、シャトー・ド・レヴェイヨンの別荘でプルーストの詩篇に想を得たアーンのピアノ組曲『画家の肖像』が初演された。独奏は、アーンの音楽院時代の同級生エドゥワール・リスレール。プルーストがこよなく愛するオランダの画家パウルス・ポッテルとアルベルト・カイプ、ファン・ダイク、そして、フランス一八世紀の画家アントワーヌ・ワットーがとりあげられた。一八九六年六月一三日には、「画家と音楽家たちの肖像」を含むプルーストの第一作品集にルメール夫人が一〇〇枚ものデッサンをつけた『楽しみと日々』の豪華本が刊行されている。

一九〇三年五月一一日、プルーストは「フィガロ」紙に「ドミニック」の筆名で「リラの中庭と薔薇のアトリエ」という記事を書き、ルメール夫人のサロンを紹介している。

「はじめはサロンではない」と彼は書く。

「マドレーヌ・ルメール夫人は、はじめはそのアトリエに同僚や友人を集めたのだ（中略）。当初は彼らだけがアトリエに入って、一輪の薔薇がすこしずつ――そしてたいそうすばやく――カンバスの上で生命の蒼白いあるいは深紅色の色調を帯びてゆくのを眺める許可を与えられていた。そして、ガル大公妃、ドイツ皇后、スエーデン国王、ベルギー王妃などがパリにご訪問になった際、アトリエへのご見学をお求めになり、まさかルメール夫人としてもご来訪をお断りするわけにはいかなかったのである。友人のマチルド皇女や弟子のダランベール大公妃が時どきお越しになった」(『プルースト全集』若林真訳)

やがて、このアトリエで招待客の一人一人が自分の才能を示すことになった結果、ときどきささやかな集いが催されるようになり、たとえばマスネとサン＝サーンスがピアノに向かって演奏するというような、信じられない顔合わせも実現した。

話題が話題を呼び、パリ中の名士たちがモンソー街の小さなアトリエにおしかけることになる。毎週火曜日の夜会の時刻になると、近隣の道路が車で渋滞を起こす。

「夜会はやっと始まったばかりなのに、早くもルメール夫人は、もはや一脚の椅子も残っていないことを見てとり、不安な眼差を息女に投げかけている！　それは、息女からすれば肱掛け椅子を前に出すべき時なのであろう。さて、人びとが続々と入って来る」(前掲書)

以下元下院議長、現下院議長、イタリア、ドイツ、ロシアの各大使、ウラディーミル大公妃、グレフュール伯爵夫人はじめ……伯爵夫人、……公爵夫妻、……男爵夫人、「フィガロ」紙主筆のガストン・カルメット、作家のアナトール・フランス、評論家のジュール・ルメートル……と、例によって名前の羅列がつづく。

「新参の人びとは場所を見つけることを諦めて庭園を一回りし、食堂の階段に陣取るか、控えの間の椅子の上にすっくと立つかである。ギュスターヴ・ド・ロチルド男爵夫人はショーに際しては良い席を取る常連だけれども、レイナルド・アーンがピアノに向かって坐っているのを見るためによじ登ったスツールから、必死になって身をかがめている。カステラーヌ伯爵もいっそう安楽な暮しに慣れたお金持なのだけれども、まことに快適ならざる長椅子の上に立っている。ルメール夫人はモットーとして——ちょうど福音書のなかでのように、「ここにては、先《さき》なる者後《あと》になるべし」ということばを選んだかのようであった、あるいはむしろ、アカデミー会員であろうが公爵夫人であろうが、後《あと》なる人びとは後《あと》に到着した人びとなのである」（前掲書）

プログラムに「演奏中の私語は禁止」と書いたのはグレフュール伯爵夫人だが、ルメール夫人のサロンはそこまで徹底していなかったらしい。レイナルド・アーンがピアノを弾き、高名なシェイクスピア役者のムネ＝シュリが朗読しているにもかかわらず、おしゃべりはやまず、ルメール夫人の禁止令は無視される。

出席者の一人アンドレ・ジェルマンは「彼女の家は息がつまりそうだった。耐えがたい夜会の中での、長い長い音楽による会話の中断」と不満を述べている。

グレフュール伯爵夫人のファッションについては微に入り細を穿って描写したプルーストだが、ルメール夫人のいでたちについては触れていない。口の悪いフィリップ・ジュリアンによれば「ニキビ赤鼻を隠すために大きな帽子を被り、大足を隠すべく引裾のドレスを着ていた。彼女が服を着るとは変装することであり、異様な服装をしているのが自分一人でないようにと彼女の催す舞踏会は常に仮装舞踏会であった」という。

一九〇二年六月の「フォーレ音楽祭」では、ワットーが描いた『雅びなる宴』の情景が再現された。「ゴーロワ」紙によれば、一八世紀の衣装をまとった人々による「タブロー・ヴィヴァン(活人画)」の幕が上がると、フォーレの合唱曲『パヴァーヌ』が歌われ、踊られた。出席者の一人は、フォーレがピアノを弾き、レイナルド・アーンはフィリップ・ゴーベールのフルートに合わせて歌ったと回想している。

一年後、ルメール夫人は「ペリクレス時代のアテネ」をテーマに仮装舞踏会を催した。貴族たちはそれぞれ衣装を着け、舞台風に登場したが、モンテスキュー＝フザンザック伯爵は、詩人や哲学者の集う夜会に礼を失するとして仮装せず、礼服を着けたプルーストも、毛皮の裏つきのコートにくるまれてすみっこのほうに身に隠していたという。

XII　六人組誕生

「フランス六人組」の名付け親は批評家のアンリ・コレ。一九二〇年一月一六日付の「コメディア」誌に「ロシア五人組、フランス六人組、そしてエリック・サティ」という記事を書いたのがはじまりだった。

「エリック・サティの指導を理解し、コクトーのかくも純粋な教えに従い、六人のフランス人たち、ダリウス・ミヨー、ルイ・デュレ、ジョルジュ・オーリック、アルチュール・オネゲル、フランシス・プーランク、そしてジェルメーヌ・タイユフェールという離れがたい六人組は、こんにち、フランス音楽の新たなシンプルさへの回帰を表明する」(Jean Roy, *Le Groupe des Six*, Seuil)

記事はついで、六人が一曲ずつ作曲した『六人組のアルバム』について紹介したあと、六人の資質や作品の方向はそれぞれ異なっているが、それを統一したコンセプトとして打ち出したのは、一九一八年に音楽小論『雄鶏とアルルカン』を発表したジャン・コクトーであるとして、「ロシアの五人組はこのような推進者を持たなかった」と結んでいる。

同年六月には、『六人組のアルバム』の楽譜も刊行されたが、「六人組」結成を記念して新たに書かれたものではなく、オネゲルの『サラバンド』こそ一九二〇年作だが、他の四曲は一九一九年作、ミヨーの『マズルカ』は一九一四年には作曲されていた。

ダリウス・ミヨーは『音楽のない音符』の中で、「六人組」の名称はコレが気紛れで名付けたもので、自分たちは与り知らないと表明している。

「彼(コレ)は私たち六人の名を、まったく勝手に選んだのです。私たちが仲のよい友達同士で、同じコンサートのプログラムに名前を連ねていたというだけの理由でね」(『フランス六人組』飛幡祐規訳、晶文社)

6人組とコクトー(オーリックは壁のデッサン)

当人たちが本当に知らなかったかどうかはさておき、全体の流れは、楽譜の出版をもくろんだ詩人のコクトーの根まわしによるものだったようだ。その証拠に、コレはまだ刊行されてもいない楽譜について言及しているではないか。
『フランス六人組』の著者エヴリン・ユラール＝ヴィルタールによれば、前年一二月二五日にブリュッセルで六人組の面々によるコンサートが開かれ、地元の新聞にポール・コレールが記事を書いたという。コレール自身からプーランクの手紙を見せてもらう機会があったユラール=ヴィルタールは、少なくともプーランクは、一九二〇年に楽譜刊行の手筈が整えられていることを知っていたと証言している。

評論家に見本を送り、刊行に合わせて新聞や雑誌に宣伝記事を書いてもらうのは、前パブといい、我々も本やCDを出すときによくやる手段だ。

ミヨーが語っているように、六人組の面々はコレが命名する前から厚い友情で結ばれており、さまざまな組み合わせでコンサートを開催していた。もっとも年上のルイ・デュレが一八八八年生まれ。もっとも若いプーランクとオーリックが一八九九年生まれだから、一一年の開きがある。オネゲルとタイユフェールとミヨーは同じ一八九二年生まれで、三人ともパリ音楽院で学んでいる。

メンバーたちの遭遇の連鎖は、さながら玉突きを見る思いがする。一番早い出会いの場は、おそらくミヨーのガイヤール通り五番地のアパルトマンだろう。非常に早熟だったミヨーは、わずか一二歳のとき、ヴァイオリンの師匠が率いる弦楽四重奏団でドビュッシーの『弦楽四重奏曲』を弾き、『ペレアスとメリザンド』のスコアを研究した。一九〇九年には、ヴァイオリニストをめざしてパリ音楽院に入学したものの、次第に作曲に興味が移っていく。やはりヴァイオリンを学ぶために一九一一年にパリ音楽院に入学したオネゲルも同じだった。

二人はヴァイオリンでは違うクラスだったものの、名教師ジェダルジュが指導する対位法のクラスで一緒になった。のちにオネゲルは、ミヨーに大きく影響されたと告白し、「彼は私に欠けていたもの――大胆さと流暢さをすべて持ちあわせていたのです」と語っている。

当時の音楽院は保守的だったので、二人は各自が発見したものをガイヤール通りに持ち寄り、ミヨーのピアノでシェーンベルクやストラヴィンスキー、リヒャルト・シュトラウスなど、当時最先端の作品を譜読みすることになる。

仲間たちよりずっと早く、一九〇四年にパリ音楽院に入学したタイユフェールは、女性が音楽を修めることに理解のない父親に隠れて勉強をつづけ、ソルフェージュ、和声法、対位法、ピアノ伴奏法とつぎつぎに一等賞を獲得することによって少しずつ説得していく。

一九一四年五月、対位法の修了コンクールで一等賞を得たときのエピソードが面白い。当時の院長だったフォーレが出した課題はあまりにむずかしく、タイユフェールは賞を得ることをあきらめて規則にとらわれずに書いて提出した。このとき、審査員だったドビュッシーが彼女の作品を推し、見事一等賞を得ることができた。結果が発表されたあと、ドビュッシーとフォーレは四手連弾でタイユフェールの作品を弾いて楽しんだという。

モンペリエで育ったオーリックも一九一三年にはパリ音楽院に入学してきて、タイユフェールと同じジョルジュ・コサードの対位法のクラスで学ぶ（ミヨーとオネゲルはジェダルジュのクラスだった）。入学当初はドビュッシー、ラヴェルに魅せられていたオーリックだが、やがてある雑誌の付録でサティの存在を知り、圧倒され虜になってしまった。

オーリックは、「音楽現代」（一九七四年六月号）で竹原正三のインタビューに答えてこんなことを語っている。

「私はまだ一三歳の頃から作曲をはじめ、コンセルヴァトワールに通っていましたが、一九一三年一四歳の時、はじめてサティの音楽に接して非常にショックを受けました。そしてある音楽雑誌にサティについての評論を書きました。その当時、サティの音楽は議論の対象になることはあっても、世間では全く認められていない時代でしたので、彼は私の評論を読んで大変喜んでくれて、私が一四歳の少年と言うことを知らないものですから、非常に礼儀正しい、丁重な礼状を送ってきました」

雑誌名は「フランス音楽評論」。一九一三年一二月の手紙が残っている。

「研究論文の名に恥じない、素晴らしすぎるほどの記事を拝見いたしました。感謝を申し上げるため、お目にかかれたらと存じます」（『書簡から見るサティ』）

昼食に招かれたサティがオーリック宅を訪ねてみると、出てきたのは半ズボンをはいた少年だったので、サティは「お父さまはどこにいるの？」と尋ねたという。

一九一四年七月に第一次世界大戦が始まると、オーリックはパリ音楽院を中退し、スコラ・

カントルムでヴァンサン・ダンディに師事する。スイス人のオネゲルは故国で軍役についたもののほどなくパリに戻り、健康上の理由で従軍しなかったミヨーは、タイユフェールとともにヴィドールの作曲法のクラスに登録する。戦争のためにほとんど授業はなく、意気投合した二人は、ガイヤール通りのミヨーのアパルトマンで音楽三昧のときを過ごし、初演されて間もないストラヴィンスキーの『ペトルーシュカ』と『春の祭典』を連弾で試奏したという。

　父親の反対でパリ音楽院に入学できなかったプーランクは、一五歳の年からラヴェルの親友で初演者でもあるリカルド・ビニェスについてピアノを習いはじめる。わずか八歳でドビュッシー『神聖な舞曲と世俗的な舞曲』を知って「なんてきれいなんだ！　少し調子っぱずれなところが大好きさ！」と叫び、一三年には『春の祭典』の初演に接した少年の譜面台には、その二年前に書かれたばかりのバルトークの『アレグロ・バルバロ』やシェーンベルクの『六つのピアノ曲』も並んでいた。

　一九一五年、フランスの「最も名だたる」作曲家たちにフランクについての見解を調査しようと思い立ったプーランクは、サティにも手紙を書いた。サティは質問に丁寧に答えたあと、追伸として「私は「名だたる」人物ではありません。「弱冠五〇代」であります」と返事をしたという（プーランクは一六歳だった）。

　同じ年、友人の家でミヨーに会ったプーランクは、音楽についての忠告とサインを求める手紙を書き、丁寧な返事をもらったものの、七歳違いの先輩との間に親交は生まれなかった。

一九一六年、プーランクはピアノの師ビニェスの仲介でオーリックに出会う。同い年で同じ趣味をもつ二人はたちまち大の仲良しになった。のちに六人組生みの親となる声楽家ジャーヌ・バトリのサロンでは、オネゲル、デュレ、タイユフェールらとも知り合う。

バトリのサロンには、ミヨーも出入りしていたらしい。

「アンジェルとバトリ夫妻は日曜の夜に何人かの音楽家を招いていた」と彼は『幸福だった私の一生』で回想する。

「私は、彼らの家に行くためにゴデブスキ家のサロンを抜け出した。なんという忘れがたい夕べだったことだろう！　老アンジェルはフォーレの『幻想の水平線』を歌い、我々はラヴェルの合唱曲を、ついで最近刊行されたばかりの作品を譜読みした。このようにして私は、マヌーヴリエ、ジャンヌ・ダリエスと共にドビュッシーのトリオ・ソナタを演奏した。そのことを知ったデュランが、自宅での初演に我々を呼んだのだ」（*Mécènes et Musiciens*）

ドビュッシーの『フルート、ヴィオラ、ハープのためのソナタ』がデュラン宅で私的に初演されるのは、一九一六年一二月一〇日のことである。

『トリオ・ソナタ』のパリ初演は翌一七年三月九日だが、そのころすでにミヨーは、詩人で外交官のポール・クローデルの秘書としてリオデジャネイロに赴任していた。

一九一七年五月一八日、ディアギレフ率いるロシア・バレエ団によって初演されたサティの『パラード』は、ミヨーを除く「未来の六人組」を集結させるきっかけとなった。

「パラード」とは、サーカスの入り口で客寄せのために行う道化芝居や演奏のことである。コクトーが書いた台本は、日曜日の見世物小屋を舞台に、奇術師、アメリカ人の少女、軽業師の踊りと、三人のマネージャーの呼び込みが入れ子の形になっている。小屋の前で客寄せのための芸を披露しているのに、観客はそれが出しものだと勘違いしていっこうに中にはいろうとしない。苛立った三人のマネージャーが客を呼び込もうと無駄な努力を重ねるが、最後は疲れ果てて倒れてしまう。

ピカソがデザインした装置と衣装は、青と白の肉じゅばんを着た「軽業師」、ニューヨークの摩天楼を模したハリボテの「マネージャー」、人間が二人はいった「馬」、自動車の警笛を鳴らす「アメリカ人の少女」など奇抜なものだった。サティの音楽も負けず劣らず奇抜で、オーケストラの中に四台のレミントン製のタイプライターを持ち込み、おもちゃのピストル、回転式のくじ引き装置、空きビンやパイプを叩く音など、騒音や現実音を用いており、一九四〇年代後半の「ミュージック・コンクレート」の先がけとされる。大スキャンダルとなり、シャトレ座には口笛と怒号がとびかい、拳をつきあげる人もいた。

その場にいあわせなかったにもかかわらず、ミヨーは「一九一七年のロシア・バレエ団の

『パラード』の創作上演は、若いジェネレーションの集合の雄叫びであった」と書く。

六月六日には、モンパルナスのユイガンス音楽堂で「未来の六人組」の半数による「サティを讃えるコンサート」が開催された。ピアノ連弾用に編曲された『パラード』が再演され、オーリックは『ピアノ・トリオ』、オネゲルは『アポリネールの詩による歌曲』、デュレも連弾用の『鐘』を発表した。サティは三人を「新青年派」と命名する。

やがて、ここにジェルメーヌ・タイユフェールが加わる。パリ音楽院時代の仲間からユイガンス音楽堂での室内楽コンサートに誘われた彼女は、二台ピアノのための『野外遊戯』を作曲した。友人のピアニスト、マルセル・メイエの家で催されたパーティに出席し、メイエと作品を試奏していたところ、たまたま控えの間にいたサティがききつけて部屋にはいってきた。音楽を気に入ったサティはタイユフェールを抱きしめ、「音楽上の娘」と呼んだという。

モンパルナスのユイガンス音楽堂は、もともとスイスの画家ルジュンヌのアトリエで、戦争で片腕を失った詩人のブレーズ・サンドラールとポーランド人の画家のキスリングが改装し、その名も「竪琴とパレット」という、美術と音楽、文学を横断する催しを開催していた。一九一六年四月一八日には「ラヴェル&サティ」コンサートが開かれ、リカルド・ビニェスとサティが連弾で『梨の形をした三つの小品』を演奏した（ときは第一次世界大戦のさなか、志願兵として救急活動に携わっていたコクトーが休暇をとって訪れ、作品との出会いが『パラード』に結実することは第一五章で述べる）。

「竪琴とパレット」は一九一七年一一月に解散して「パレットと音楽」と改名し、ミヨーの音楽院仲間で「竪琴とパレット」時代にも参加しているチェリストのフェリックス・デルグランジュが音楽監督をつとめることになる。

一九一七年一〇月には、自宅のサロンに若い音楽家たちを集めていたジャーヌ・バトリが六区の芝居小屋ヴィユ・コロンビエ座の音楽監督代行に就任し、サティ、オーリック、デュレ、タイユフェール、プーランクらによる「前衛音楽のマチネ」を企画する。『黒人狂詩曲』で鮮烈なデビューを飾ったプーランクがのちに、「その後の六人組の出発点となった」と語ったコンサートは、一二月一一日に開かれた。

翌一八年一月一五日には、「新青年派」の旗揚げともいうべきコンサートが、同じくヴィユ・コロンビエ座で開催される。しかし、その年の一一月には、サティはグループを脱退してしまう。理由は、コクトーがしかけようとした大がかりなコンサートに、デュレがラヴェルを取り上げようとしたからである。

デュレのもとを訪れたサティは、「私がもはや「新青年」には所属していないと、みなしてはいただけまいか」と書いた手紙を渡すとすぐに立ち去った。

こうしてグループのリーダーはコクトー一人になった。

「未来の六人組」によるコンサートはその後も、ユイガンス音楽堂で断続的に開催され、ボヘミアンやハイ・ソサエティの面々をひきつけることになる。ヴァイオリニストのジュルダン＝モランジュによれば、作品の多くは「前の日に生まれ出たばかりのものであったり、時には未完成」だった。一九一九年四月五日には、六人全員の作品が演奏されている。

コクトーは、四月一四日付の「パリ＝ミディ」紙でこんなふうに描写する。

「ユイガンス通り六番地、薄暗い中庭の奥の一階にあったユイガンス・ホールは、聴衆が繰り返しやってくる縁起のよい会場の一つであった。凍りつくように寒かったり、息がつまるほど暑すぎたり、地下鉄のノール・シュッド線と同様、座るにも立つにも人が重なりあい、足を踏まれ……。しかしそこは、かけがえのない豊かな雰囲気に満ちていて、もっと心地よい場所にしようとすれば、その雰囲気が損なわれる恐れがあった。

アーティストと聴衆の触れあい——ピアノの位置を変えるのを手伝ったり、石油ランプを奪いあう聴衆、冬には燃え出さず夏には調子のよいストーブ、これはすべてが喧々囂々と一体を成し、そのためそこにまた足を運ぶことになるのであった」（『フランス六人組』）

一九一八年一一月に戦争が終わると、いわゆる「狂乱の時代」が始まる。一九年初頭にミヨーがブラジルから帰国してからは、パリ音楽院時代の仲間が土曜の夜ごとにアパルトマン（クリシー街一〇番地）に集う習慣も復活した。コクトーが紹介され、まだ兵役についていたプーランクもやってきたが、ミヨーは四年前に会ったことをすっかり忘れていた。プーランクの自演で『無窮動』や『動物詩集』を聴いたミヨーは、「この単純な明るい芸術が、我々の音楽の次のフレーズになるのではなかろうか」と感じたという。

ミヨーは『幸福だった私の一生』の中で、陽気な夜会の模様をつぶさに描きだす。

ポール・モーランがカクテルをつくり、一行はブランシュ通りのてっぺんにあるレストラン「プチ・ブソノー」に行った。あまりに狭かったので、土曜日組でほとんど貸し切り状態になってしまうのだった。作曲家ばかりではなく、マルセル・メイエのような演奏家もマリー・ローランサンのような画家も、コクトーが連れてきたラディゲのような詩人・作家もいた。

食事のあとは、メリーゴーラウンドや神秘的な店、火星の娘、射撃、宝くじ、動物の見世物、自動オルガンなどに惹かれてモンマルトルの縁日を彷徨った。ときどき、メドラーノ・サーカスでフラテリーニ兄弟の寸劇を観ることもあった。

夜会の最後は再びミヨーの家に戻り、詩人たちは詩を朗読し、作曲家たちは最近の作品を演奏する。コクトーの詩によるプーランクの声楽曲『コカルド』はメンバーのお気に入りで、毎土曜日に所望された。

オーリックの『さらばニューヨーク』は愉快なフォックストロット。ミヨーの『屋根の上の牛』は、もともとチャーリー・チャップリンの無声映画のために作曲された『ヴァイオリンとピアノのためのシネマ幻想曲』。タイトルはブラジルの古いタンゴから取られ、ミヨーが採集してきた三〇ものブラジルの大衆音楽や舞曲が引用される。ミュージックホールの美学に由来する陽気さ、無頓着さが集まりを支配していた(土曜会はやがてバー「ガヤ」に場所を移し、一九二二年一月、ミヨーのタイトルをそのまま使ったナイトクラブ「屋根の上の牛」がボワシ゠ダングラ街二八番地にオープンすることになる)。

このわいわい騒ぎが、そのままコメディ・デ・シャンゼリゼの催しにつながった。一九二〇年二月二一―二三日、六人組に関するアンリ・コレの記事が出たひと月後、コクトーはボーモン伯爵の出資で劇場を借り、スペクタクル・コンサートを開催している。

プログラムはミヨー宅の演目にサティ『組み合わされた三つの小品』を加えたもの。『さらばニューヨーク』は軽業師つきで、『コカルド』はフルート、コルネット、コントラバス、大太鼓、トライアングルといった奇妙なオーケストラをともない、『屋根の上の牛』は新たにバレエ音楽に編曲され、メドラーノ・サーカスのフラテリーニ兄弟をゲストに、コクトーの台本、デュフィの舞台装置、フォコネの衣装という豪華メンバーで上演された。舞台を目撃したモーリス・サックスは『屋根の上の牛』で、「マイムを演じる役者たちの首に掛けられた巨大な頭もおかしかったが、今晩いちばんおかしかったのはむしろ客席のほうだった」と回想している。否定、肯定、とまどいが交錯し、「象徴派の秋の葉を吹き飛ばしてしまった」。

コンサートは大成功だったが、同じ趣旨の催しはつづかなかった。

フランス六人組は、そもそものスタートから無理があった。コクトーはモダニズムを推進するためにラヴェルを否定し、オーリックとプーランクも同調したが、ラヴェル派のデュレとタイユフェールは困惑した。一九二一年六月にスウェーデン・バレエ団から依頼された『エッフェル塔の花嫁花婿』(コクトーの台本とプロデュース)では、初めて六人が共同制作することになっていたが、リハーサル四日前にデュレが脱退し、タイユフェールがかわりに『電報のワルツ』を作曲した。

サティは一九二二年にこんなことを言っている。

「彼らはもうグループとして存在していないことを認めなければならない。つまり六人組はなくなったのだと……。

そのかわり、単に六人の音楽家がいる——才能のある、独立した六人の音楽家だ」(『フランス六人組』)

何によらず徒党を組むことの嫌いなサティは、二四年六月にオーリックやプーランクと仲違いしてしまう。二五年三月、ラヴェル『子供と魔法』の初演に接した二人は、反ラヴェルの立場を撤回する。サティが亡くなったのはその三カ月半後である。

のちにプーランクは、「我々の各自の好みを反映した音楽は、結局のところ共通の美意識を持ちませんでした」と語っている。六人組の面々は、サティの仲間うちにいたことで「まじめな作曲家」と見なされず、ずいぶん苦労したらしい。

しかし、かけ離れたものをぶつけることによって強大なエネルギーを生み出し、音楽に祝祭的気分を取り戻すことがコクトーのねらいだったのだ。虚々実々でも寄せ集めでもよいから、音楽家と詩人と画家と舞踊家と服飾家デザイナーがわいわい騒ぎをくりひろげていたあの時代がうらやましいと、私などはそう思う。

XIII　ジャーヌ・バトリ

ラヴェルの『博物誌』『マダガスカル島民の歌』、ドビュッシーの『愛し合う二人の散歩道』などを初演しているメゾ・ソプラノ歌手のジャーヌ・バトリは、ヴィユ・コロンビエ座で前衛音楽のコンサートを企画し、六人組誕生の立役者の一人となった。

ラヴェルの弟子で回想録を書いているマニュエル・ロザンタールは彼女について、「あえて言わせてもらうならば、ラヴェルにとっては、年老いた監視役のような女性だった」というふうに表現している。

「彼女はいわゆる「知性派歌手」の一員だ。これは今日ではばかげた表現かもしれないが（こういった言い回しを初めて使ったのがラヴェルなのかどうかはわからない）、当時の花形歌手というのは、歌曲のリサイタルはせずに、コンサートではもっぱらオペラのアリアのみだった。クレール・クロワザ、マドレーヌ・グレイ、マルセル・ジェラール、そしてジャンヌ《ママ》・バトリといった「知性派歌手」たちは、体力や声などあらゆる事情で、劇場での仕事ができなかった。だが、音楽とテクストの持つ知的側面が、声にもまして魅力のある分野では、すばらしい演奏者にな

ったのである」(ロザンタール『ラヴェル　その素顔と音楽論』伊藤制子訳、春秋社)

ジャーヌ・バトリの功績については、フランス歌曲を歌わせたら当代一のドーン・アップショウが、一九九九年にシャンゼリゼ劇場で、バトリが初演した作品を集めて「ジャーヌ・バトリへのオマージュ」と題するリサイタルを開いたことからも窺われる。アップショウのライヴ音源はCD化されているが、ドビュッシー、ラヴェル、サティからミヨー、ルーセル、オネゲル、ケックラン、デュティユーといったポスト印象派の作曲家の作品が並んでいる。

ラヴェルの友人で『ソナタ』や『ツィガーヌ』を初演しているヴァイオリニストのエレーヌ・ジュルダン＝モランジュは『ラヴェルと私たち』(安川加寿子、嘉乃海隆子訳、音楽之友社)の中で彼女をこのように評価している。

「当時彼女は、すでに近代音楽というものを十分に愛していて、フェルマータのついた甘ったるいひとつの音よりも、ひとつのハーモニーの方を高く評価することができた数少ない歌手のひとりであった。そのうえ彼女はなかなか上手なピアニストでもあって、どんなむずかしい歌でも自分で伴奏が弾けた」

バトリがドビュッシー、フォーレ、シャブリエ、アーン、ラヴェル、サティ、ミヨーらの歌曲を弾き語りしたアルバムも出ている。

パリのオペラ座の舞台には立たなかったにせよ、新しい譜面を即座に読んで歌うことのできるバトリは、代演の大家でもあった。ラヴェルの歌曲集『シェエラザード』は一九〇四年五月一七日に国民音楽協会でジャンヌ・アットーが初演しているが、同年一〇月一二日、オペラ・コミック座で再演が予定されていた。しかし、直前にアットーが病気になったので、バトリは一時間半で譜読みをしなければならなかった。

ジュルダン＝モランジュによれば、「ラヴェルは慌てふためいて彼女の家へ飛んで行き、ぎりぎりの瞬間まで彼女に練習させた」という。二時間後、バトリはオペラ・コミック座の舞台で、「まるで自分のおなじみの曲のように」『シェエラザード』を歌っていた。

感激したラヴェルは、楽譜の上にこんな献辞を書きつけた。

「感嘆すべき音楽家ジャーヌ・バトリさまへ。一九〇四年十月十二日の離れわざへの感謝の念をこめて」(『ラヴェルと私たち』)

ジャーヌ・バトリ

ドビュッシーもまた、この初見能力の恩恵を受けた一人だった。

一九一六年一二月二一日、ある慈善演奏会で『もう家のない子たちのクリスマス』を歌う予定だったローズ・フェアールが、やはり直前になって歌えなくなったため、バトリが代演した。ドビュッシーは翌日の手紙で謝意を表している。

しかしながら、一九〇八年四月、『ペレアスとメリザンド』のタイトル・ロールを歌いたいと申し入れた彼女に対して、ドビュッシーはこんなすげない返事を書いたのである。

「まず申し上げておきたいのは、メリザンドの配役について、支配人アルベール・カレ氏に対する私の影響力を過大評価しておられるということです(中略)。

先日、私はマジー・テイト嬢という若いアメリカ(実際にはイギリス)の歌手を聴きました。その声は魅力的で、まさにメリザンドの役柄や感情にぴったりでした。彼女はフランス人ではありませんが、すでにオペラ・コミック座の聴衆は、メアリー・ガーデン嬢のアクセントに慣れています。もちろんあなたのすばらしい才能が新たな創造をなすであろうことも確信しておりますが、繰り返すようですが、私はオペラ・コミック座に対して何もできないのです」(Claude Debussy, *Correspondance* (1872–1918), Gallimard)

何もできないどころか……。初演の際、メーテルリンクは内縁の妻ジョルジエット・ルブランをメリザンド役に推していたのに、ドビュッシーと劇場支配人のカレがメアリー・ガーデンを抜擢したため原作者の怒りを買ったことは第七章で記した通りである。

実際に、同年六月にオペラ・コミック座で『ペレアスとメリザンド』が上演されたとき、メアリー・ガーデンにかわってメリザンド役を歌ったのはマジー・テイトだった。もしジャーヌ・バトリが本当に歌いたいと思ったなら、もう少し早くマニフェストしておく必要があったろう。あるいは、もっと遅くというべきか。上演の四日前、リハーサルから戻った作曲家は、「M・テイト嬢は、相変わらず牢獄の扉ほどの感動しかほとんど示しません。それは遠くの姫君以上です」と不満を表明しているのだから。

ドビュッシーは、バトリが五月二四日のコンサートで、夫のアンジェルとともにピアノ伴奏で『ペレアス』の二幕を歌うことについては許可している。

ドビュッシーの対応に少しもめげなかったらしいバトリ夫妻は、一九〇九年三月一一日、工芸大学ホールで、ひと月後に初演予定の『シャルル・ドルレアンの歌』を含む二一曲もの歌曲を取り上げているが、ドビュッシーは聴きにいかなかった。

結局、バトリが初演したドビュッシーの作品は『愛し合う二人の散歩道』ただ一曲で、一九一一年一月一四日、エラール・ホールで開催された国民音楽協会の折りに、リカルド・ビニェスのピアノで歌っている。

バトリは、歌曲集『ステファヌ・マラルメの三つの詩』も歌いたいと思ったらしい。一計を案じた彼女は、楽譜出版者のデュランに手紙を書き、あなたの家でドビュッシーに『マラルメ』を聴いてもらいたいと頼んだようだ。知らせを受けたドビッュシーは、一九一六年一二月七日、デュランに手紙を書き、バトリ夫人は人が容易に逃れることができない類の人物だ、あなたが受け入れるなら私も行きましょうと結んでいる。

『マラルメの三つの詩』は一九一四年三月二一日にガヴォー・ホールでヴァラン＝パルドー夫人の歌、作曲者自身のピアノで初演されている。ところでこのステージを我が国の文豪、島崎藤村が観ていたという驚くべき報告がある。

実の姪とのスキャンダルがもとで日本を離れた藤村は、一九一三年から一六年までパリに滞在し、数々のスペクタクルに接している。一九一三年六月一七日には、シャンゼリゼ劇場でロシア・バレエ団のニジンスキーが自ら振り付けた『牧神の午後』を踊るのを観ているが、作曲家が自作を演奏するのはパリでも珍しかったので、前々から気にかけていたという。

「マラルメの詩（ドビュッシイ作曲）を独唱する為にパルドオ夫人という人が大きな洋琴を背にして立った。その後方に深思するかの如く洋琴の前に腰掛け、特色のある広い額の横顔を見せ、北部の仏蘭西人の中によく見るような素朴な風采の音楽者がパルドオ夫人の伴奏として、丁度三味せんで上方唄の合の手でも弾くように静かに、渋い暗示的な調子の音を出し始めた。その人がドビュッシイであった。パルドオ夫人が一曲を歌い終ると盛んな拍手が聴衆の間に起った。その時ドビュッシイは夫人の背後から簡単な会釈をしたが、自分の音楽が聴衆の喝采の渦の中へ巻き込まれるのを迷惑がるかのように見えた」（『エトランゼエ』）

作家ならではのさすがの観察眼である。

マラルメの詩では、当時敵対関係にあったラヴェルも同時期にほぼ同じセッティング(三篇中二篇が共通)で歌曲集を書いたことで話題になったが、こちらは一九一四年一月一四日、つまりドビュッシー作品の二カ月前にバトリが初演している。音楽的な許容範囲が広く、軽妙なシャブリエやレイナルド・アーンも、重厚なケックランやアルベール・ルーセルにもフィットしたバトリは、ラヴェル、サティ、六人組をはじめ四〇人以上の作曲家と交流があり、延べ一〇〇曲以上の作品を初演したという。

一九一九年二月一六日にサティの交響的ドラマ『ソクラテス』がポリニャック大公妃のサロンで私的に初演されたときは、バトリが二五人の楽器奏者を従え、何と四人分の役柄を一人で歌ったのである。

ジャーヌ・バトリの功績は、しかし、近現代の歌曲の初演にのみあるのではない。彼女は、夫である声楽家のアンジェルとともにプレイレ街で日曜日ごとにサロンを催し、多くの作曲家や演奏家——著名な人も無名の若者も——を招いて出会いの機会をつくり、ヴィユ・コロンビエ座の音楽監督代行として、のちに六人組と命名される若い作曲家たちの作品を紹介し、世に送り出したやり手のプロデューサーでもあった。ドビュッシーの手紙に見られるバトリのある意味の積極性は、こうした方面でとりわけ効果を発揮したのである。

パリ六区に今もあるヴィユ・コロンビエ座は、一九一三年、フランス現代演劇の開拓者とされるジャック・コポーが改装し本拠地とした三〇〇人ほどの小劇場。古典の斬新な演出で話題を呼んだが、一九一四年に第一次大戦が始まると、ルイ・ジューヴェに代表される若手俳優が召集されるなど経営が苦しくなる。アメリカの資本家の援助で二シーズンにわたるニューヨークでの興行が決まり、コポーは渡米を決意する。

あとを託されたバトリは、一七年一〇月、ヴィユ・コロンビエ座でラヴェルの自作の詩による無伴奏合唱曲『三つの歌』を初演している。このコンサートはコポーの送別会も兼ねていて、彼の留守中はバトリがすべてのプログラムを任されることになる。演目はバロック、古典から近代、同時代音楽の初演と幅広かった。

「コンサートがつぎつぎに開かれる」と、エヴリン・ユラール＝ヴィルタールは『フランス六人組』で書く。

「ジャーヌ・バトリはジャンルと作曲家を巧みに混ぜあわせる。コンサート、講演会、芝居が交代で催され、そのうちいくつかは後世にまで語られるイヴェントとなった——たとえば、アポリネールの講演〈詩人とエスプリ・ヌーヴォー〉である」（飛幡祐規訳）

アポリネールの講演が行われたのは一九一七年一一月二六日で、タイトルの「エスプリ・ヌーヴォー」は、彼が『パラード』のプログラムのエッセイで使った言葉だ。

「これまでは、一方に舞台美術と衣裳があり、もう一方に振付けがあり、その間にはわざとらしいつながりしかなかった。両者の新しい結合によって、『パラード』から一種の「シュルレアリスム」が生まれた。ここに私はエスプリ・ヌーヴォーの一連の表われの出発点を見る」（前掲書）

ブルトンのシュルレアリスム宣言が一九二四年だから、七年ほど先取りしている。

とりわけ、一九一七年一二月一一日開催された「前衛のマチネ」は歴史的なコンサートとなった。デュレのピアノ曲『サーカスの情景』、オーリックの歌曲『コクトーの八つの詩』、ユレのヴァイオリン曲『アンダンテ』とロジェ＝デュカスの『アレグロ・アパショナート』、タイユフェールの『トリオ』、ストラヴィンスキーの歌曲『ヴェルレーヌの二つの詩』、サティのピアノ曲『古い金貨と古い甲冑』、ロジェ・ド・フォントネーの『クララ・デレブーズに』が演奏され、プーランクの『黒人狂詩曲』が初演された。

バリトンの声とピアノ、弦楽四重奏、フルート、クラリネットという編成で、エレーヌ・ジュルダン＝モランジュとカペレ四重奏団の創設者フェルナンド・カペレがヴァイオリン、ユイガンス音楽堂で「パレットと音楽」のシリーズを主催することになるフェリックス・デルグランジュがチェロを担当した。

『黒人狂詩曲』は、プーランクが古本屋で見つけた詩集の「ホノルル」という詩にもとづいている。「リベリア出身のマココ・カングルー」が偽マダガスカル語で書いたという設定で、まったく意味のない音とスラングが並んでいるのだが、実は作曲家ロラン＝マニュエルの周囲にいた詩人マルセル・オルモワの作だったらしい。

師のビニエスの紹介でポール・ヴィダル（ドビュッシーのパリ音楽院時代の同級生で、オペラ・コミック座の指揮者）に見せに行ったところ、最初のうちは上機嫌だったが、エリック・サティへの献辞を見たとたん怒り狂い、「何だ、このホノルルとは。お前はストラヴィンスキーやサティの一党とねり歩いとるんだろう」と追い返された。

憤慨したプーランクがビニエスに手紙で報告すると、サティがかわりに返事をよこして「学派のまぜこぜは禁物です」となぐさめてくれたという。

おそらくビニエスが口添えしたのだろう、ヴィユ・コロンビエ座の音楽監督代行に内定していたジャーヌ・バトリは、『黒人狂詩曲』をとりあげることを決める。知らせを受けたプーランクは「夢のようだ」とビニエスに書く。

予定されていた歌手がテキストに呆れて降りてしまったため、プーランク自身が声楽部分を担当するというハプニングはあったが、作品は評判を呼び、翌一八年一月一五日にも再演されている。このときのプログラムは、タイユフェール『弦楽ソナタ』、オネゲル『アポリネールの詩集「アルコール」から六つの詩』、オーリック『ガスパールとゾエ』、ロラン＝マニュエル『ペルシャの七つの詩』、デュレ『鐘』と『黒人狂詩曲』だった。

ポール・クローデルのお供でブラジルに行っていたミヨー以外の六人組の作品が集結したことになる。

公演当日、バトリはアメリカにいる支配人コポーに次のような手紙を書く。

「私はコロンビエ座の名誉をできるかぎりの力で支えようとしています。簡単なことは何もないし、まだ始めたばかりです。でも、我々が先に進むと、目的も、それに至る方法もはっきり見えてきます。すでに音楽家たちは我々を助け、新しい分野を創造しようと努力してくれています。それが私の望んだことで、それが未来です」(Linda Laurent, "Jane Bathori et le Théâtre du Vieux-Colombier", *Revue de Musicologie*, 1984)

三月一九日にも、アンゲルブレシュトの『五重奏曲』やラヴェルの『ピアノ・トリオ』と並んで、オネゲルの『ヴァイオリン・ソナタ』やプーランクの『セネガルの詩』が紹介されている。

ジャーヌ・バトリの功績で特筆すべきは、その尋常ならざるスピード感である。時は第一次世界大戦のさなか。プーランクは一月一七日から兵役につき、バトリは三月にヴィユ・コロンビエ座をいったん閉める。音楽監督代行に就任してからわずか五カ月の間にこれだけの作品を紹介したことになる。そして、彼女がぐずぐずしていたら、一九一八年一一月九日に世を去ったアポリネールは永遠に講演に出演できないはずだった。

戦争はアポリネールが死んだ二日後の一一月一一日に終わり、ヴィユ・コロンビエ座は一二月二日、バトリによるコンサートで再開した。ここで、オネゲルが初めて演劇の付随音楽を書いた『地球のたわごと』が初演されている。音楽は一〇のダンスと、二つの間奏曲とひとつのエピローグからなっている。脚本は若い詩人のポール・メラルが書き、衣装と照明は画家のギー＝ピエール・フォコネが担当した。

「劇的というより詩的なテキストは、地上に人間が出現した様子とその潜在性を説明する。控え目で奥深いテキストである。作者はまず、舞台を設定する。それはいたるところであり、どこでもない。物と人間が動く空間である。こうした全体の雰囲気のなかで、ファンタジーと新しさが発揮される。六人組の友人で、夭折するまでよく彼らと一緒に仕事をした画家のフォコネが、舞台美術と衣裳を担当する。彼は仮面を用いたが、仮面はコーラスの語りが入った演技に特に適するといわれている。オネゲールの音楽が全体に不思議な響きを醸し、時には言葉とパーカッションだけになる。もし打楽器とコーラスの語りだけからできていたら、これは真のアヴァンギャルドとなっただろう」(『フランス六人組』)

客席にはアンドレ・ジッド、ジャック・ルーシェ、ラヴェル、フローラン・シュミット、アルベール・ルーセル、ピカソ、フェルナン・レジェ、コクトーがいた。

『地球のたわごと』は『パラード』に負けず劣らずのスキャンダルを引き起こしたが、コクトーはのちにこんなふうに回想する。

「オネゲールとフォコネの『地球のたわごと』で、おめでたい催眠状態にいた者たちはびっくりして飛び起きた。彼らは、スピーカーであらゆる耳に向かって叫んでいた——「生きるんだ、生きるんだ、生きるんだ！」」(前掲書)

一九一九年六月二三日、支配人のジャック・コポーが帰国し、バトリの音楽監督時代は終わった。その翌日、バルバザンジュ画廊でのコンサートに出演した彼女は、アポリネールの詩につけたデュレの歌曲集『動物詩集またはオルフェウスのお供』を初演している。

XIV　旧時代と新時代のメセナ　ココ・シャネルとミシア・セール

ココ・シャネルとミシア・セールは、グレフュール伯爵夫人（プルースト『失われた時を求めて』のゲルマント公爵夫人のモデル）、ポリニャック大公妃（シンガー・ミシン創業者の娘）とともに、ディアギレフ率いるロシア・バレエ団のメセナとして知られる。

一九〇九年二月、希代の踊り手ニジンスキーがシャトレ座にデビューし、いわゆる「バレエ・リュス」が発足する三カ月前に、ロシア側の出資者にして政府後援者だったウラディーミル大公が急死し、帝室からの援助も打ち切られたディアギレフは窮地に陥った。

パリに戻ったディアギレフは興行師のアストリュックに、「フランス側で後援者が見つからないかぎり、公演は実現不可能だ」と告げる。

「劇場を借りる金も出演者に払うギャラもないし、失敗したときのためのいかなる保証もないと話した。くじけることを知らないアストリュクは、この機にその才能を発揮した。彼は何人かの財閥に援助を頼み、五万フランの確約をとった」（リチャード・バックル『ディアギレフ』鈴木晶訳、リブロポート）

ロール・イエランの『グレフュール伯爵夫人』には、こんなくだりがみられる。
「「バレエ・リュス」の名のもとに独立した帝室バレエ団は、エリュフシ夫人、ポリニャック大公妃、ココ・シャネル、レディ・ジュリエのような富裕なメセナの援助により、慢性的な財源不足を何とかやりくりし、赤字の穴埋めをした。グレフュール伯爵夫人は個人的な資産を持たなかったが、彼女には無数のアイディアがあった」(Laure Hillerin, *La comtesse Greffulhe*, Flammarion)

このうちココ・シャネルについては誤りである。シャネルが芸術家たちの偉大なメセナになるのは一九二〇年以降のこと。一九〇九年二月の時点で、彼女はクチュリエですらなく、エティエンヌ・バルサン所有のマルゼルブ大通り一六〇番地で帽子屋を開いたばかりだった。「唯一愛した男」のボーイ・カペルに出会うのもこの年だ。

ロシア・バレエ団のパリ進出が、その三年前から上流階級のメセナたちによって仕掛けられていたことは、第九章で述べた通りである。

一九〇七年のシーズンに「ロシア歴史音楽会」の開催をもくろんでいたディアギレフは、エドモン・ド・プルタレス伯爵夫人の紹介でグレフュール伯爵夫人のサロンを訪れる。

リチャード・バックル『ディアギレフ』に引用された夫人の回想によれば、ロシア人の「山師的」な風貌は当初悪印象を与えたが、彼がピアノの前にすわって、名前を聞いたこともなか

ココ・シャネル

ったロシアの作曲家の作品を弾きはじめると、「それがあまりに素晴らしかったので、彼が、あくる年にロシア音楽祭を開きたいのだと説明したとき、私は即座に、それを成功させるために、できる限りのことをすると約束しました」という。

夫人はアストルグ街にディアギレフを呼び、一九〇四年以来協力関係にあったアストリュックに引き合わせる。一九〇七年五月六日、やはり夫人のさしがねで、リヒャルト・シュトラウスのオペラ『サロメ』をシャトレ座で上演したアストリュックは、それからわずか一〇日後、オペラ座で「ロシア歴史音楽会」を五夜にわたって上演している。とりわけムソルグスキー『ボリス・ゴドゥノフ』のアリアを歌うシャリアピンが強烈な印象を残し、ディアギレフは翌〇八年、オペラ座でヨーロッパ初演を行うことになる。

五月一九日、『ボリス』初日の舞台を、ポール・モーランが「人間仲買人」と命名したミシア・セールが観ていた。「白評論」の主宰者タデ・ナタンソン、大富豪のエドゥワールと次々に夫を変えた彼女は、スペインの画家ホセ・マリア・セールとローマ旅行中だったが、やむにやまれぬ欲求にかられ、急いでパリに戻ってきたのだ。

ボックス席に座っていたミシアは、第一幕の途中で感動のあまり桟敷に出て、階段に腰をおろして観ていた、と回想する。舞台は金色に輝き、圧倒するようなムソルグスキーの音楽に乗って、シャリアピンの声が響きわたっていた。ミシアは売れ残りのチケットを買い占め、友人たちに配った。ある晩、セールとカフェで食事をしていたとき、ディアギレフを見かけた。セールは彼を知っていたので紹介してもらった。

「私のあまりの熱狂ぶりに、ディアギレフの心の扉はすぐに私に向かって開かれました。私たちは朝の五時まで語り合いましたが、それでも別れが耐えがたく思えました。翌日ディアギレフが私に会いにきました。私たち二人の友情は、彼が死ぬまで続きました」(前掲書)

ミシア・セール

ディアギレフは同性愛者だったが、オルネラ・ヴォルタによればミシアを母親のように頼りにし、「重大な決定は彼女に相談してからでないとできなくなった」(『書簡から見るサティ』)。

母親どころか二人はおない年で、一八七二年にサンクトペテルブルクで生まれている。

ミシアはディアギレフに対する絶大な力を行使して、あらゆる邂逅を実現させていく。一九一四年六月二八日には、サティをディアギレフに引き合わせている。パリにいるのにサティに関心をもたないディアギレフを非難していたミシアは、「厳命」により自宅に呼び寄せる。痩せて小柄なサティが片眼鏡を鼻に『梨の形をした三つの小品』を弾き終えるやいなや、知人が駆け込んできた。サラエヴォでオーストリア皇太子が暗殺され、戦争が始まったのだ。

コクトーに紹介したのもミシアだった。

「僕は、ミシアのところでセルジュ・ド・ディアギレフと出会った」と、コクトーは『存在困難』の中で語る。

「その瞬間から、僕は、彼のバレエ団の一員となった。僕はもう、ニジンスキーを楽屋裏からか、桟敷席からしか見なかった。そして、桟敷席では、ペルシャの羽根飾りを頭の上に戴いたミシアの後ろで、小さな真珠母色のオペラグラスを手にしたディアギレフが踊り手たちの動きを追っていた」(ドミニク・マルニィ『コクトーが愛した美女たち』高橋洋一訳、講談社)

ディアギレフとココ・シャネルを引き合わせたのもミシアだった。

一九一〇年にカンボン通り二一番地に帽子店をかまえたシャネルは、一三年、ニジンスキー振り付けの『春の祭典』が大スキャンダルを巻き起こした年にドーヴィルにモードの店を出し、ようやくファッション界で認められる。サロンにも出入りするようになったが、あくまでもクチュリエ(服飾デザイナー)でしかなく、社交界の婦人たちの会話に加わることはなかった。

ミシアの「回想」によれば、二人に出会ったのはそんなころらしい。

「一九一四年—一九一八年の中ごろのある夜、栄光の絶頂にいた女優のセシル・ソレルの家の夕食に招待された……。食卓ですぐ、私は非常に濃い茶色の髪の若い女性に注意を引かれた。彼女は一言も言葉を発しなかったが、抵抗しがたい魅力を発散していた……」(山口昌子『シャネルの真実』人文書院)

ソレルの家を辞するとき、シャネルが羽織ろうとしたコート——深紅のビロードに毛皮を縁取りした——をミシアが褒めると、シャネルはそれを脱いでミシアの肩にかけ、プレゼントすると言った。プレゼントは辞退したが、どうしてもシャネルに会いたくなったミシアは、翌日カンボン通りの店に行き、夜はボーイと暮らしていたアパルトマンで夕食に招待される。一九一九年一二月にボーイ・カペルが自動車事故で急死すると、ミシアとセールは悲しみに沈むシャネルをヴェネツィア旅行に連れだした。

これがシャネルにとって初の外国旅行だったようだ。

「当時、〝社交界〟の人間は〝出入り業者〟を招待したりはしなかった……ボーモン伯爵は当然ながら彼女を招待しなかった。しかしシャネルは私の友人である。この排除に私は非常に傷ついた……こうした感情の中で次の夏、セールと私は彼女をヴェネチアに連れていくや、ただちに大夕食会を開き、私の新しい友人を紹介するために彼の地で成功しているさまざまなジャ

ンルのあらゆる人を招いた」(前掲書)

ヴェネツィアにはウラディーミル大公の未亡人、マリヤ・パヴロヴナが滞在しており、シャネルはそこではじめてディアギレフに会った。

新たにレオニード・マシーンの振り付けで『春の祭典』の再演をもくろんでいたディアギレフは、例によって資金難に陥っており、未亡人やミシアにも資金援助を申し入れていた。ミシアから「新進のデザイナー」と紹介されたものの、例によってひと言も発しないままディアギレフの話をきいていたシャネルは、パリに戻ると彼の宿泊先を訪れ、いきなり三〇万フラン(現在の金額でおよそ二三万ユーロ)という巨額の出資を申し出る。彼女の要求はただひとつ、自分の名前を明かさないことだったが、ディアギレフから事情をきかされたミシアは面白くなかった。

一九二〇年秋、ミシアからストラヴィンスキーを紹介されたシャネルは、住むところのない一家にパリ郊外の別荘を提供し、作曲家との間に束の間の恋も生まれる。彼女が、ストラヴィンスキー作品によるコンサートを援助したときいたミシアは、やはり面白くなかった。

「だれでも知っているように、劇場で新しい作品が上演されるとき、あるいは、俳優や歌手や舞踊家の一団がやってきて公演するとき、われわれは、作者や演奏家が感じるものに勝るとも劣らぬ所有欲を抱くことがある」と『ディアギレフ』の著者バックルは書く。

「そのためわれわれは、改宗させるために他人を連れて毎日劇場に足を運ぶばかりか、芸術家たちとなんとか知り合いになり、その後何年間も彼らに献身し、擁護しようとする。ディアギレフの事業にたいするミシアの所有欲と保護者意識は、衰えることなく二十年間つづいた」対してシャネルは、「所有しようとする人たちには嫌悪を感じる」と語る。「わたしが心底浪費したいと思う唯一のもの、それはわたしの力」だと。

私のように評伝や評論を書く立場の人間も、ときどき考えることがある。ある演奏家や作曲家が資質に見合う評価を得ていないと感じるとき、なんとか自分の筆で援護し、伝搬させようとつとめる。それは広義の所有欲と言えなくもないだろう。しかし、それだけだろうか。自分が良いと思うものを紹介し、支援しようとするのは、もっと純粋な衝動なのだと反論したくもなる。

ミシアを突き動かしたのも、所有欲や保護者意識だけではあるまい。その根底には自身の審美眼に対するゆるぎない自信があった。

ミシアの父親はポーランドの著名な彫刻家シプリアン・ゴデブスキで、母親はベルギーの高名なチェリスト、アドリアン＝フランソワ・セルヴェの娘だった。ミシアを身ごもった母親は、不実な夫が女とねんごろになっている仕事先めざして三〇〇〇キロメートルの旅をし、赤ん坊を生んだあと力つきて亡くなった。ミシアを引き取った母方のセルヴェ家は音楽一家で、しばしば家庭音楽会を催した。ブリュッセルで音楽教育を受けたミシアは、パリに出てからはフォーレにピアノのレッスンを受けていた。

このような芸術的環境に育ったからこそ、ミシアは、やむにやまれぬ欲求にかられて『ボリス・ゴドゥノフ』を観にいったのである。そして、魅了された。

しかるに、シャネルは『春の祭典』を一度も観たことがなかった！

「歴史的スキャンダルで、エポックメイキングな作品」というディアギレフの言葉をきき、「それを自分の目で確かめたくて」巨額の出資をしたというから驚かされる。

ディアギレフはシャネルの好意を受け入れ、以降、ロシア・バレエ団が新しいレパートリーを初演した夜はいつも、シャネルがお祝いのパーティを催すことになる。

メセナとしてはるか後発のシャネルのスタンスは、上流社会の貴婦人たちとは異なっていた。グレフュール伯爵夫人にせよポリニャック大公妃にせよ、生まれつきか結婚によるものか、資金がすでにそなわっている彼女たちに対して、シャネルの支援は叩き上げの成果であり、資金は自分で稼いだものだった。ミシアは仲介者でしかなかったが、シャネルは自らが労働者であり創造者でもあった。この違いは大きい。

一九二二年、コクトーは彼の戯曲『アンティゴーヌ』を上演するために「同時代でもっとも偉大な女性デザイナー」であるシャネルにコスチュームを依頼する。しかし、ポリニャック大公妃の認識では、シャネルはあくまでも「クチュリエ」にすぎなかった。二三年にストラヴィンスキーのバレエ『婚礼』がロシア・バレエ団での初演に先立ってサロンで上演されたときも、彼女は招かれなかった。

階級的なこともあったろうが、大公妃はディアギレフを支援するミシア・セールやココ・シャネルには対抗意識をもっていたふしがある。彼女には、ミシアやシャネルにはないもの、自宅の広大なサロンがあり、いくらでも新しい音楽を紹介することができたのだ。

シャネルのほうは、『シャネル　人生を語る』(ポール・モラン著、山田登世子訳、中央公論新社)でこんなエピソードを明かしている。

ディアギレフはいつも資金ぐりに奔走していた。支援者たちのところをまわっては「今晩、どうしても千ルーブルいるんです、債権者が劇場を握っていて、金がないと幕が上がらないんです……」と言いながら手を合わせる。

シャネルのところに駆け込み、「公妃(ポリニャック)のところへ行ってきたんだ。七万五千フランもらったよ!」と報告すると、「夫人はアメリカの大富豪よ。わたしはただのフランスのクチュリエだもの」と言いながらも「ほらここに二十万フランあるわ」と差し出すのがシャネルのやり方だった。

一九二四年には、コクトーが台本を書いたロシア・バレエ団の『青列車』(ミヨー作曲)に出資しつつ衣装デザインを手がけ、大胆な水着をダンサーたちに着せた。

海野弘は『ココ・シャネルの星座』(中公文庫)で、「一九二〇年代には、社交界の有閑婦人より、働く女が力をつけてきたのだった」と書く。

「ミシアはシャネルを恩知らずで、自分の友人を横取りしたといい、シャネルは、時代おくれの女は引退すべきだといった」

シャネルは、二〇年代の新しいメセナの在り方を方向づけたといえよう。にもかかわらず、新時代のシャネルは旧時代のミシアと親友でありつづけた。

「わたしたちは二人とも他人の欠点しか好きになれないという共通点をもっていた」とシャネルは語る。ミシアは自分が理解できないものにしか愛着を抱かない。そのくせ、たいていのことは理解している。ところがシャネルはミシアにとっていつまでも不可解な存在だった、だから変わらぬ友情がつづくのだろう、と。

「ミシアは知らぬ間に種をまいたかと思うと、その種を潰してしまう。そんな彼女をエリック・サティは「皆殺しの母」と呼び、コクトーは「天使のいたずらっ子」と呼んでいたけれど、それはまちがっていると思う。確かにミシアは創造はしなかったが、見えないところで創造に貢献し、創造をうながす発光虫のような存在だった」(『シャネル　人生を語る』)

一九二九年にディアギレフが亡くなったとき、ミシアとともにヴェネツィアに滞在していたシャネルは、彼を看取り、葬儀費用を負担した。

一九五〇年にミシアが亡くなったときは、美しく死に化粧をほどこして送った。

「私は、服を愛さなかったけれど、仕事は愛した」

彼女自身が亡くなる前、ポール・モーランに語った言葉には、なかなか重みがある。

XV　ヴァランティーヌ・グロス

「コクトーが撮った二九枚の写真」という副題がついた『ピカソと過ごしたある日の午後』（ビリー・クルーヴァー著、北代美和子訳、白水社）は、エコール・ド・パリが蘇る楽しい本である。一九一六年八月一二日、ピカソと昼食をとる約束をしていたコクトーが、モンパルナスのカフェ「ラ・ロトンド」でお茶を飲みながら、あるいは、交差点向いのレストラン「バティの店」で食事しながら、集ったピカソのモデル、バクレット、詩人のマックス・ジャコブやアンドレ・サルモン、画家のキスリング、モディリアニたちも含めて撮影した二六枚の写真を時系列的に並べて解説している。

残りの三枚はその前日か二日前にコクトーが撮影した、サティとヴァランティーヌ・グロスの写真で、「ラ・ロトンド」の写真の前に掲載されている。場所はコクトーの母親が所有するアンジュー街一〇番地四階のアパルトマンの中庭に面したバルコニー。

いつも同じ上着を着て「ベルベット・ジェントルマン」と言われたサティは、白いカラーの襟を立て、ネクタイをきちんと結び、帽子を目深にかぶっている。

隣のヴァランティーヌはつば広の帽子でまぶしい日差しを避け、大きな白い襟が優雅な細い首筋（コクトーは、彼女の生まれた町にちなんで「ぼくのブーローニュの白鳥」と呼んでいた）と完璧なデコルテを際立たせている。

つんと尖った鼻、薄い唇、やや突き出した繊細な顎は、ポール・ポワレのモデルのようだ。

ヴァランティーヌがサティに会ったのは、一九一四年、若い作曲家ロラン＝マニュエルの家で試演された音楽喜劇『メドゥーサの罠』を観に行ったときのことである。気むずかしく、皮肉屋で人間関係が長つづきしないサティだったが、なぜかヴァランティーヌとは気が合い、死ぬまで父娘、兄妹のような関係がつづいた。

サティとヴァランティーヌ

ヴァランティーヌがコクトーに会うのも同じ年の五月一四日、ロシア・バレエ団がオペラ座で上演した『ヨセフ伝説』のリハーサルの折りのことだった。たちまち仲良くなり、アンジュー街一〇番地のアパルトマンをたびたび訪れるようになる。コクトーは同性愛者だったが、母はヴァランティーヌとの結婚をすすめたという。

一八八七年にブーローニュ・シュル・メールに生まれたヴァランティーヌは、一九〇七年にパリに出て美術学校に通い、絵画を勉強する。一九〇九年にロシア・バレエ団の第一回公演に接して感銘を受け、舞台裏やリハーサル風景をデッサンしはじめる。ニジンスキーがドビュッシーの音楽に振り付けして踊った『牧神の午後』(一九一二)や、衝撃的な振り付けでスキャンダルを起こしたストラヴィンスキー『春の祭典』(一九一三)のデッサンは沸き立つような線で描かれ、今にも踊りだしそうな臨場感がある。

『春の祭典』初演の一週間後、ヴァランティーヌはシャンゼリゼ劇場のこけら落としに合わせて、劇場内のモンテーニュ回廊で個展を開く。ポスターには「カルサヴィナ、ニジンスキー、イザドラ・ダンカンのダンスのクロッキー習作」と記されている。

最初の二人はロシア・バレエ団のスターだが、「裸足のイザドラ」については説明が必要だろう。一八七七年サンフランシスコ生まれ。古代ギリシャのレリーフの影響を受け、チュニックを着てトウ・シューズを履かずに踊ったことで近代舞踊に大きな影響を与えた伝説のダンサーである。

一九〇〇年、母とパリに出てきたときのイザドラは完全に無名だったが、一九〇一年一月二〇日、ジャック・ボーニの紹介でサン＝マルソー夫人のサロンで踊っている。夫人の日記によれば、客席には演劇評論家のサルドゥ、「薔薇の花の画家」ルメール夫人、指揮者のメサジェ、プティ・パレを設計したジローらが連なっていた。

夫人は日記の中で、「小さなアメリカのダンサーが踊りとパントマイムを披露した。ボーニは詩を朗読し、ラヴェルはピアノを弾いた。すべてが至福で夢、ポエジーに満ちたひとときだった。若い人たちにとっては大きな成功となった」と記している。

彼女が書いている通り、トウ・シューズを履かずクラシック・バレエの身振りもしないイザドラのオリジナルなダンスはルメール夫人、グレフュール伯爵夫人、ポリニャック大公妃などサロンの女主人たちの興味を惹き、あちこちで招かれて踊るようになる。

一九一二年七月四日、サン＝マルソー夫人は息子の結婚に際してイザドラを招き、自宅の庭で宴を催す。「比類のない優雅さで彼女は踊った。彼女の身体は丸くなり、容貌にもやや衰えが見えたが、その即興的なステップに彼女が確立させ、ダンスの世界に革命を起こし、考えられるかぎりの不当な扱いを受けた芸術的な精神を与えていた」(Marguerite de Saint-Marceaux, *Journal 1894–1927*)

ちょうどそのころ、ヴァランティーヌがデッサンしたイザドラの舞踊姿があるが、ギリシャ風のチュニックをまとった身体はたしかに少し丸みを帯びているようだ。二歳と七歳の子供がいる未婚の母イザドラは、翌年二人の子供たちを自動車事故で失うという悲劇におそわれる。

ヴァランティーヌに戻ろう。一九一三年の個展で大成功をおさめ、雑誌にファッションやバレエのスケッチを依頼されるようになった彼女は、社交界に出入りしはじめ、サン＝ルイ島のブルボン河岸二九番地で毎週水曜日に開かれるサロンには、サティ、エドガー・ヴァレーズ、ラヴェルらの作曲家、プルースト、コクトー、レオン＝ポール・ファルグ、ポール・モーランらの文学者、「新フランス評論（N・R・F）」のガストン・ガリマール、「ヴィユ・コロンビエ座」の支配人ジャック・コポーを迎えることになる。

一九一五年一〇月一八日、このサロンで、サティとコクトーの歴史的な邂逅が演出される。最初の出会いでは興行師のガブリエル・アストリュックが同席していたが、一一月二九日、二回目のときは介在者なしで話し合いがおこなわれた。

当初の企画はシェイクスピアを翻案した『真夏の夜の夢』だった。マックス・ラインハルトの演出でベルリンで上演された折りに協力したエドガー・ヴァレーズがパリでの上演を望んだが、戦争中で劇場は閉めている。そこで、モンマルトルのメドラーノ・サーカスの小屋が候補に上がった。音楽は、通常用いられるメンデルスゾーンのかわりにフランス音楽のメドレーで、ヴァレーズ、ストラヴィンスキー、ラヴェル、フローラン・シュミット、サティが分担して作曲し、キュビスムの画家アルベール・グレーズが衣装デザイン、台本はコクトーが担当することになっていた。

コクトーは一九一四年春、のちにグレーズと結婚することになるジュリエット・ロシェの家で彼に会い、親交をむすんでいる。ところで、コクトーはセーヌ河右岸の「ブルジョワ街」育ちだったので、ミシア・セールはロシェに文句を言い、「どうしてジャンをキュビストに紹介したの？　ジャンは右の人間よ、左じゃないわ」と抗議したという。コクトーにとっては旧世界から新世界へ乗り出すチャンスだったが、この話はグレーズとヴァレーズがアメリカに行くことになったため頓挫してしまった。

サティとコクトーが三度目に会うのは、一九一六年四月一八日にモンパルナスのユイガンス音楽堂で開かれた「ラヴェル＆サティ」コンサートの折りだった。

負傷兵の救援活動でフランドル戦線にいたコクトーは、休暇で一時的にパリに帰っていた。ヴァランティーヌとともにコンサートにやってきたコクトーは、サティとビニェスが連弾で演奏する『梨の形をした三つの小品』に惹きつけられた。

コクトー（左）とディアギレフ

ロシア・バレエ団に台本を提供した『青い神』が不評だったこともあり、ディアギレフに「俺を驚かすような企画をもってこい」と言われていたコクトーは、『梨の形』こそ待たれていた音楽だと思い、ヴァランティーヌを通じてバレエ化を申し入れるが、サティのほうは一九〇三年に書いた旧作のやきなおしには興味がなく、「新作で行きませんか？」と提案する。

サティに焚きつけられたコクトーは、大道芸の香具師の口上をもとに「中国人の手品師、ハリウッドの初期の映画に出てくるようなアメリカ人の少女、軽業師の三役」を配するプロットを思いつく。

ユイガンス音楽堂のコンサートの八日後、サティとコクトーはヴァランティーヌ家の恒例の水曜サロンに行き、新たな企画について話し合いをしている。ラルース百科事典で『パラード』(市の芝居小屋の呼び込みに演じられる、滑稽な一幕物)というタイトルを発見したコクトーは、フランドル戦線に戻る前にサティに筋書きを書いて送る。

サティの思惑がわからないコクトーは、ヴァランティーヌを通じてさぐりを入れようとする。前の章でも書いたように、ミシアがディアギレフに絶大な影響力をもっていることを知っていたサティは、二年前のことを思い出して彼女に手紙を書き、「奥様が「ロシア・バレエ団」についておっしゃったことには、すでに効きめが現れています。私はあるものに取り組んでおり、まもなく奥様のお目にかけられそうです」とそれとなくほのめかす。

このことを知ったコクトーは狼狽する。

「最初にミシアに相談もせずに、コクトーがディアギレフのために仕事をしていることを知られただけで、ミシアは十分に敵にまわりかねない。加えて、ミシアは自分自身が想を与えた作品でなければ後援しないのが鉄則だったし、ヴァランチーヌにおしのけられて大切な相談役の地位を奪われるなど、許せようはずがなかった。そして、ディアギレフはミシアの言いなりなのだ!」(『書簡から見るサティ』)

コクトーはあわててミシアに手紙を書くが、だまされかけたミシアは復讐を企てる。サティはサティで、ディアギレフに別の主題でバレエの企画をもちかけ、コクトーをそっちのけでミシアを巻き込もうとする。

疎外されたコクトーはおろおろとヴァランティーヌに、「ぼくはひどく孤独で、苦しんでいます。……お願い、ぼくに手紙を書いて、悪魔を追い払い、サティと会って、なにが起きているのか調べてください」と手紙を書く。

しかし、コクトーとサティの仲を絶つことに成功したミシアが、ついでにバレエの企画も断ち切ろうとしたため、作曲家はふたたび詩人のもとに戻る。

一九一六年八月八日、サティはグロスに、「ついに、トリュファルダンおばさん(サティはミシアのことをこのように呼んでいた)と喧嘩わかれしました」と告げ、コクトーとの仕事を再開すると書く。翌日、コクトーはヴァランティーヌに「エリックとトリュファルダンの間には、そう深刻とはいえないまでも、やはり重大な危機が生じています」と報告している。

これだけの騒動を知ったあとで、冒頭に紹介したコクトーの撮影したサティとヴァランティーヌの写真を見ると、感慨深いものがある。八月の日差しを受け、カメラに向かってにこやかに笑っているサティは、撮影者と仲なおりしてまだ一日か二日なのだ。そしてまた、その隣でクールにすましているヴァランティーヌは、コクトーとサティの双方からことの顚末をきかされる立場にいたわけである。

『ピカソと過ごしたある日の午後』の著者ビリー・クルーヴァーは、コクトーが「ラ・ロトンド」でピカソの写真を撮ったのも、「ディアギレフの目に企画がさらに魅力的に映るよう、自分の側に強力な援軍を引き入れる」ためだったのではないかと推理する。

「八月十二日は、ピカソに『パラード』の装置と衣装を依頼した日だったかもしれない」

あながち推測だけでもない。のちにコクトーは「一九一六年のモンパルナス（中略）、ぼくがピカソに『パラード』をやってくれないかと頼んだのは、《ラ・トロンド》と《ル・ドーム》のあいだ、通りのまんなかでだった」と回想しているのだから。

八月二四日、コクトーとサティは連名でヴァランティーヌに手紙を書く。

「ピカソがわれわれと『パラード』を制作します」（『書簡から見るサティ』）

こうして、一九一七年五月一八日、台本コクトー、音楽サティ、衣装と舞台装置はピカソという最強の布陣で『パラード』の上演が実現したわけである。

ヴァランティーヌ・グロスは、もともと右岸の住民だったサティとコクトーがセーヌ河をわたる手助けをし、『パラード』のミューズとなった。後年彼女は、このことを懐かしく思い出し、誇らしげに語るだろう。

ヴァランティーヌは、ミシア・セールともココ・シャネルとも異なるタイプのメセナだった。サン゠マルソー夫人、ポリニャック大公妃、グレフュール伯爵夫人のサロンの出席者に、ヴァランティーヌ・グロスの名前は見当たらない。サティは交響的ドラマ『ソクラテス』を作曲中、『パラード』のときと同様、紆余曲折をヴァランティーヌに書き送っているが、ポリニャック大公妃のサロンでの初演に彼女が立ち会うことはなかった。

しかし、やはり右岸のメセナと目されていたゴデブスキ家のサロンには通い、一九一七年三月、つまり『パラード』初演二カ月前に、未来の夫にしてヴィクトル・ユゴーの曽孫ジャンに出会っている。

ジャン・ユゴーの回想録『記憶の眼差し』によれば、五月の日曜の夜(『パラード』初演の日は金曜日だった)、休暇でゴデブスキ家に遊びに行ったジャンは、食堂の革のソファの上、シーパの父の彫刻家の肖像画の下に、黒いタフタに白い縫い取りのあるドレスを着た首の長い女性が座っているのを見かける。それが、ヴァランティーヌ・グロスだった。次の休暇の日曜日、ジャンはまたヴァランティーヌに会う。彼女は彼に本を送り、手紙のやりとりが始まった。

夏の終わり、ジャンは、ヴァランティーヌが引っ越したばかりのパレ・ロワイヤル近くのアパルトマン(モンパンシエ街二八番地)に友達を連れて遊びに行った。

「彼女は、とてもゆったりとしたスカートをはいていた。白鳥のような彼女の首が、折り目の付いた飾り襟から出ていた。ヘアバンドで結ばれた彼女の髪には、ほとんど彼女の頭ほどの大きさのシニョンが作られて、後ろの方に丸くなっていた。よく動き、時折不安気になる、彼女の射抜くような眼差しは、決して夢見ているようには思えなかった」(ジャン・ユゴー『記憶の眼差し』高橋洋一訳)

隣の建物に住んでいたポール・モーランも一九一七年七月のある夜、彼女の家で催された小さな集まりに列席していた。コクトー、レオン＝ポール・ファルグ、リカルド・ビニェス。そして、ジャン・ユゴーとシャルル・ドーデという、二人の文豪の子孫たち。

「ビニェスがショパンとグラナドスをすばらしく演奏した。レオン＝ポール・ファルグは、ふざけて『薔薇色のワルツ』のような流行歌をたどたどしく弾いた」(*Mécènes et Musiciens*)

一九一八年には、ジャンはこんなことを書いている。

「パレ＝ロワイヤルの僕らのアパルトマンには、お酒をのみすぎたストラヴィンスキーがディアギレフとマシーンの前で作曲したばかりのラグタイムを弾いていた」(前掲書)

「僕ら」ということは、もう一緒に住んでいたのだろう。

コクトーがこのアパルトマンで書き上げたばかりの詩集『喜望峰』を朗読したのも一九一八年だった。ミシア、俳優のピエール・ベルタン、ピカソに混ざって、まだ軍服姿のアンドレ・

ブルトンも出席していたという。

「朗読が終わると、誰もが感激して称賛した。その時、コクトーはブルトンに近寄って言ったが、彼はコクトーを避けた。私は二人の間に居た。コクトーは、心中を仄めかすようにして話しかけた。〝とても良いだろう?〟……ブルトンは押し黙ったまま、凍りついたような表情のままだった。コクトーは蒼褪め、ブルトンがピアノと窓の間にある出入り口の方に身体を滑り込ませていくのを、ただ傍観しているだけだった」(『記憶の眼差し』)

コクトーは、翌一九年二月にも、アドリエンヌ・モニエの「本の友の家」で『喜望峰』の私的朗読会を開いた。モニエは『オデオン通りの回想』の中で、「空色の軍服」を着た未来のシュールレアリストたち、ブルトンとフィリップ・スーポーが「敵意をみなぎらせながら、背筋をぴんとのばしていました」と証言している。

ヴァランティーヌがサティとコクトーの立ち会いによってジャン・ユゴーと結婚し、名前をヴァランティーヌ・ユゴーと改めるのはその年の八月七日のことである。彼女がユゴーからもコクトーからも離れてシュルレアリスムに傾倒し、音楽嫌いのブルトンの要望で、ピアノも音楽関係の書籍も売り払うことになろうとは、そのときは誰も予想しなかったろう。

XVI サティとマン・レイとダダイスム

アメリカの画家・写真家マン・レイの名前は知らなくても、『贈り物』と題されたオブジェ、コテ型のアイロンの底にびっしり鋲が打たれた不思議な作品を見たことがある人はいるかもしれない。フランス初の「ダダ的なオブジェ」となった『贈り物』は、エリック・サティとの出会いによって生まれた。

いきさつは、マン・レイの回想録『セルフポートレイト』(千葉成夫訳、美術公論社)に詳しい。一九二一年四月、マルセル・デュシャンとともに「ニューヨーク・ダダ」という雑誌を刊行したマン・レイは、フランスに戻ったデュシャンの後を追い、七月一四日、パリ祭の日にパリに出てくる。デュシャンに迎えられ、カフェ・セルタでブルトン、エリュアール、フィリップ・スーポーらダダイストたちに紹介される。

「数年後にシュルレアリスムの運動を起こすことになるアンドレ・ブルトンは、すでにグループを支配しているようで、堂々たる面がまえをしていて、喧嘩っ早そうだった」とマン・レイは回想している。

一二月三日―三一日、マン・レイは詩人のスーポーが経営する書店兼画廊「リブレリー・シス」のこけら落としとして個展を開いている。

前日内展示というから一二月二日だろうか、この会場に「五十がらみの風がわりでおしゃべりな小男」がやってきた。これがサティである。フランス語がわからないマン・レイがうろうろしていると、サティは「寒いですね」と英語で話しかける。母親がスコットランド人のサティはいくらか英語が話せたようだ。サティに連れられて街に出たマン・レイは、カフェでラムのお湯割りを飲んで身体を暖め、家庭洋品店に寄ってサティの通訳でアイロンと靴の鋲を買い、アイロンのなめらかな面に膠で貼り付けて『贈り物』を製作し、個展に出品したらすぐに盗まれてしまった……というエピソードはあまりにも有名だ。

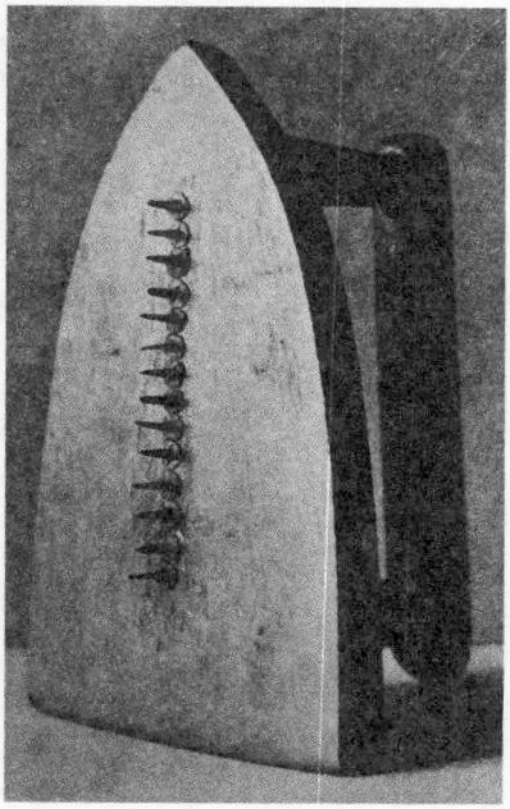
マン・レイ　贈り物

一九一六年にトリスタン・ツァラによってチューリヒで旗揚げされた「ダダ運動」は、既成概念の「破壊・否定・拒絶」をモットーにバルセロナのピカビア、ニューヨークのデュシャン、ケルンのエルンスト……と連鎖反応を起こし、一九二〇年一月、ツァラのパリ上陸とともに

「パリ・ダダ」が始動する。

それ以前から、サティはダダの同胞とみなされていたようだ。ピカビアがバルセロナで一九一七年に創刊した雑誌『391』にも、サティの名はたびたび登場する。たとえば第八号では完成したばかりの交響的ドラマ『ソクラテス』が紹介されているし、一四号の表紙には、サティの名前をもじったピカビアの詩も掲載されている。一九一九年四月九日にチューリヒで開催された「ダダの夕べ」では、サティの音楽が流れていたという。しかし、前記のやりとりでもわかるように、マン・レイはどうやらサティのことを知らなかったらしい。

マン・レイの回想録には、出会いのとき以外にサティの名前は出てこない。二人は書簡も残していないが、相当親しかったらしいことが『サティスフィクションズ——エリック・サティとの散歩』というドキュメンタリーに収録されたインタビューでわかる。

中年になったマン・レイは、楽しそうにサティの思い出を語る。

郊外のアルクイユに住み、一〇キロの道を二、三時間かけて歩いてパリに出てきたサティは、木曜ごとにモンパルナス墓地に近い小さなレストランでマン・レイと昼食をとっていた時期があるという。サティは決まってオマール海老を注文した。なぜなら、木曜日に新鮮なオマール海老が入荷するのを知っていたから。マン・レイは仔牛の腿肉を注文する。食べる段になると、サティはテーブルにある「くるみ割り」をマン・レイに渡したという。仔牛の腿肉もくるみも「noix」と綴るので、言葉遊びの好きなサティらしい。

聞き手は、『巴里の空の下セーヌは流れる』の映画音楽を書いたピアニストのジャン・ヴィエネル。パリに出てきたころは英語しか話せなかったマン・レイなのに、ずいぶんフランス語が上達したのだなと思う。

一九二一年に戻ろう。かんじんの個展は、三五点の油絵を展示したものの一点も売れず、ピカビアに紹介してもらったコクトーの写真を撮ったところ大変評判が良く、マン・レイは生活のため職業的写真家になる。ピカビア夫人のガブリエルには、モード界の巨匠ポール・ポワレを紹介してもらう。モード写真を撮っている最中に、現像の失敗から、印画紙の上にいろいろな立体を直接置いて感光させる「レイヨグラフ」の手法も発見する。コクトーはいち早く好意的な記事を書き、本の表紙を「レイヨグラフ」の作品で飾った。

一九世紀末から二〇世紀初頭にかけての出会いの場は上流階級の夫人たちのサロンだったが、「狂乱の時代」には書店であり、画廊であり、カフェであり、レストランであり、劇場であり、そしてホテルでもあった。

当時マン・レイはモンパルナスのドランブル街一五番地のホテル「グランド・デ・ゼコール」に住んでいたが、パリに戻ってきたトリスタン・ツァラが同じホテルに宿泊し、二人は仲良しになる。また、コクトーもホテルの部屋に若い音楽家や作家の友人(その中には、『肉体の悪魔』の作者レイモン・ラディゲもいた)を連れてきては、せっせとマン・レイに写真を撮らせた。

二二年末からはカンパーニュ・プルミエール街二九番地のホテル・イストリアに引っ越す。隣室にはデュシャンが住んでいた。ホテルのプレートには彼らの他にピカビア、キスリング、マン・レイのモデルをつとめ、愛人でもあったモンパルナスのキキ、サティ、リルケ、ツァラ、マヤコフスキー、ルイ・アラゴンらが宿泊したと記されている。このうちピカビアやツァラはダダ運動の推進者だし、アラゴンはブルトンにスーポーを紹介した人物で、やがて文芸誌「シュルレアリスム革命」の主宰者となる。

「この前衛グループのあいだにも対立や意見の衝突があったが、どういうわけかわたしは決して巻き込まれることもなく、誰ともずっとうまくいっていた」とマン・レイは書いている。ピカビアは、マン・レイが到着したころにはすでに「パリ・ダダ」の詩人たちと反目しあっていたが、マン・レイの展覧会にはやってきた。そして、ダダイストたちに嫌われているコクトーを紹介してくれた。

「わたしの中間的な位置がすべての人にとって大事なものだったのだ。写真と素描によってわたしは出来事と人々の公式記録員となった」(『セルフポートレイト』)

のちにマン・レイは、ブルトン率いるシュルレアリスムの公式記録員となるだろう。

サティとマン・レイの次なる公的な接点は、一九二三年七月六日にミシェル劇場で開催された『髭のはえた心臓』の夕べだった。「パリ・ダダ」最後のスペクタクルとなった催しで、塚原史『ダダ・シュルレアリスムの時代』には、詳細なプログラムが載っている。

全体は三つの部分に別れ、第一部は演奏と詩の朗読と舞踊、第二部にはこれに映画上映が加わり、第三部がトリスタン・ツァラによる三幕の演劇『ガス心臓』。

第一部の最初は、ストラヴィンスキーの『連弾のためのやさしい曲』で、ピアノはマルセル・メイエとオーリック。ストラヴィンスキーの連弾曲には『三つのやさしい小品』『五つのやさしい小品』の二種類あるが、おそらく一九一五年作の前者が演奏されたのだろう。二年後に『パラード』を上演するロシア・バレエ団の主宰者ディアギレフと弾くために書かれたもので、第二曲はサティに、第三曲はディアギレフに献呈されている。演奏者のマルセル・メイエは一九一七年、ちょうど『パラード』初演の年に俳優のピエール・ベルタンと結婚している。ベルタンは一九二一年に『髭のはえた心臓』と同じくミシェル劇場で舞台初演されたサティの『メドゥーサの

『髭のはえた心臓の夕べ』ポスター

罠』で主役をつとめ、同じ年に六人組の共作バレエ『エッフェル塔の花婿花嫁』が初演されたときも、コクトーとともに「人間拡声器」で舞台進行をつとめるなど、グループゆかりの人物である。『髭のはえた心臓』でも、第二部でアポリネールの詩を朗読している。

第一部では他に六人組のダリウス・ミヨー『キャラメル・ムー』(ジャズ・ダンスとマルセル・メイエのピアノ)とオーリック『フォックストロット』(マルセル・メイエ)が演奏された。

第二部の冒頭にはメイエとサティによる『梨の形をした三つの小品』が置かれている。コンサートの一週間前にツァラから音楽部門の人選を依頼されたサティは、これからでは遅すぎる、音楽はなくてもすませられるだろうといったん断っている。しかし、実際には、おそらくサティの呼びかけで音楽面においても充実した催しになったのだろう。カペー弦楽四重奏団によるミヨー『弦楽四重奏曲』のあとにマン・レイの無声映画『理性への回帰』が上映された。

はじめての「ダダ的」映像作品についてマン・レイはこんな風に解説している。

「百フィートのフィルムを一巻買い、暗室に入ってフィルムを短く切り、仕事机のうえに固定した。フィルムの何本かには、肉でも焼く料理人みたいに塩と胡椒をふりかけ、他のものには留針や画鋲を手当たりしだいにのせた。次に、静止写真の「レイヨグラフ」でやったように、白色光を一秒か二秒、点灯した。それからフィルムを慎重に机から持ち上げ、フィルム上の残骸を払いおとし、液槽で現像した」(『セルフポートレイト』)

翌朝、乾いたフィルムを調べると、塩、留針、画鋲は完璧に再現されていて、X線写真のように黒地の上に白く出ていた。映写したら幕に何が映るのか、本人にもまったく見当がつかなかったし、フィルムも一本一本を糊付けしただけだった。さらに、映写時間を長くするために、以前に撮影したひなぎくの咲く野原、光の縞模様になったヌード写真、アトリエのモビールなどいくつかの場面を付け加えた。それでも全部で三分ももちそうになかったのだが、「観客が反応を示すまえに終わってしまうだろう」と思ったという。

「観客の忍耐力をためすような出し物はほかにもあるだろう。それがダダイストたちの主たる目的だったからである」というくだりが面白い。

ミシェル劇場では、フィルムが接着剤できちんとつながれていなかったので、途中で二度も切れてしまった。ほぼ終わりのほうだったので、中断を残念にも思わず、「観客は映画の残りはまだ沢山あったろうにと想像しただろうし、「理性への回帰」の意味をつかみそこなったと考えただろうと思った」というあたりがいかにもマン・レイらしい。

マン・レイは自伝の中で、二度目にフィルムが切れたあと、観客の一人とダダイストの間で殴り合いの喧嘩が起き、点灯されると取っ組み合いのまんなかで一群の人々が寄り固まっているのが見えたと回想している。

「場内の別の場所にも小集団ができていて、二手にわかれてやはり同じように乱闘をくりひろげていた。場外に配置されていた警官の一隊が、騒ぎを見越したか、場内になだれこんできて、全員を外に追い出してしまった」(前掲書)

しかし、ロジェ・ヴィトラックの『時の人々』での回想によれば、乱闘は第三部のツァラの戯曲『ガス心臓』のときに起きたようである。ブルトンとポール・エリュアールとロベール・デスノスが乱入し、役者たちを叩きのめしたとある。この騒ぎで「パリ・ダダ」は壊滅的な打撃を受ける。「破壊・否定・拒絶」がモットーのダダが未来のシュルレアリストたちに否定され、破壊されるという皮肉な事件だった。

背景には一九二二年初頭に起きた「パリ会議」をめぐる一連の動きがある。アンドレ・ブルトンは、さまざまなイデオロギーの一体化をめざして国際会議を提案し、「コメディア」誌に宣言文を発表するが、ツァラは出席を拒否し、サティとはからって招集された五〇名ほどのメンバーをモンパルナスのカフェ「クロズリー・デ・リラ」に集め、「パリ会議」を流産させてしまった。この分裂が、二四年の「シュルレアリスム宣言」につながる。

トリスタン・ツァラはもともとブルトンの招きによって一九二〇年一月にパリにやってきたのだが、ダダに社会的な意味をもたせようとするブルトンと、あくまでも既存の秩序を破壊する無意味なものでありたいというツァラとの間に対立が生まれる。

「ダダが成し遂げたことは純粋に否定的《ネガティヴ》なものだった。その詩も絵画も非論理的、非礼、見当違いなものだった。宣伝活動を継続するためには、もっと建設的な段取りが必要だった。すくなくとも社会批判をするならそれに見合った段取りが必要だった。そして、ブルトンが「シュルレアリスム」をたずさえて現れたのである」(前掲書)

ダダとして出発したマン・レイは違和感なくシュルレアリスム陣営にすべり込むが、サティはツァラに同調したため、二四年六月一五日にシガール座で初演された〝三幕の造型的ポーズ〟『メルキュール』の舞台はブルトンとアラゴンに妨害された。

一九二四年一二月四日、ブルトンの『シュルレアリスム宣言』が刊行されてまもなく、ロルフ・ド・マレ率いるスウェーデン・バレエ団による『本日休演』がシャンゼリゼ劇場で初演された。台本と舞台装置はピカビア、音楽はサティ。本当は一一月二九日の予定だったが、振付けも担当するダンサーの病気で本当に「休演」になり、一二月四日に変更された。

舞台の背景には三七〇個もの反射鏡が貼られてほとんど何も見えなかったそうである。ピカビアが雑誌『391』に載せた広告から、観客にサングラスと耳栓を用意するように指示したことがわかる。幕間にはルネ・クレールの映画『幕間』が上映され、まったくストーリー性のない荒唐無稽なシーンの数々が展開された。サティは、音楽を担当するとともにマン・レイやデュシャン、ピカビアと出演している。

当時はいわゆる無声映画の時代で、映像が先にできて音楽はそれに合わせるものだった。しかしサティは、制作段階からひと繋がりの場面ひとつひとつの尺を知りたがったという。『幕間』は「コマ」に合わせた最初の映画音楽となった。

この映画のおかげで写真だけではなく、動くサティが見られる。黒のスーツ姿でメロン帽をかぶり、コウモリ傘を片手に、大砲が置かれたシャンゼリゼ劇場の屋上でピカビアとともに元気にジャンプしているが、実は作曲中から体調を崩していた。

初演前の一〇月末、『本日休演』の指揮者ロジェ・デゾルミエールと夕食を取ったサティは、もう野菜しか食べていないと告白している。ところでサティは大変な大食漢で、一度にムール貝を二〇人前、一五〇個の牡蠣、三〇個の卵のオムレツをたいらげることができたという(貧しかったので食べだめをしたのかもしれない)。大晦日には、バレエ団の支配人マレの招きで盛大な夕食会が開かれたが、サティは参加できなかった。

一九二五年にはいってても毎日徒歩でパリに出てきて友人たちの家で順番に昼食をとっていたが、ミヨーによれば「食が細かった」という。医者に見てもらうと肝硬変と診断された。アルクイユから通うのは気の毒だったので、ミヨーはパリに住むように説得する。サティはマン・レイやデュシャンが住むホテル・イストリアを希望するが、空きがなく、ジャン・ヴィエネルの口ききで彼の父親が支配人をつとめていたグラン・ホテルに泊まり、部屋がとれたところでイストリアに移るも、病状は悪化し、ボーモン伯爵の援助で聖ヨゼフ病院に入院する。

ミヨーの婚約者だったマドレーヌが面倒を見ていた。彫刻家のブランクーシはヨーグルトと自分で調理した鶏のブイヨンを毎日届けたが、七月二日にマドレーヌがミヨーとの新婚旅行から戻ってみると、サティは亡くなっていた。

一九二一年一二月から二五年七月まで、短い交友だったが、マン・レイは折りにふれて『エリック・サティの洋梨』や『エリック・サティの眼』のような作品の形でサティを偲んだ。

一九五九年、ロンドンの現代美術研究所での展覧会で、マン・レイはサティが一九一二年に「SIM」に寄稿した『健忘症患者の回想録』から「私とは何者か」をとりあげ、音楽のことを語っている箇所で絵のことを語り、彼が音と言っているところを色彩に変換して英文のテキストを作成し、「エリック・サティの協力による」と付加してカタログに掲載している。

「誰もが私は画家（音楽家）ではないと言う。それは正しい。生涯のはじめから私は自分を光線測定家（音響測定家）と考えてきた。私の作品は純粋な光線測定（音響測定）なのだ。私は、色彩を見る（音を聞く）よりは、色彩（音）を測定する方がはるかに楽しいのだ。手に光度測定器（音楽測定器）をもちながら仕事する楽しさ、そして正確さ！」

これは、東野芳明がサティの原文をもとに作成したテキストについて、筆者が音楽用語と美術用語を入れ換えたものだが、単なる言葉遊び以上の意味をもっている。

二人に通底していたのは「永続性」というようなことだったと思う。

二〇世紀の音楽界は、とくに一九八〇年代まではモダニズムを追い求めた時代だった。まだ誰も試したことのないアイディア、新しい「主題」と「手段」の開発に邁進していた。新しい、ということが素晴らしいと同義語だった。良い音楽をつくっても、「音が古い」というだけで低評価になった。「古い」と言われたくないために、本意ではないのに新しい技法を捜した作曲家もいた。サティが称賛されたのも、まだ誰も実験音楽など思いつかない時代に実践していたからだ。

しかし、マン・レイはモダニズムを否定する。

「芸術は科学ではないし、実験でもない。愛の営み方に進歩がないのと同様、芸術にも進歩はない。やり方がいくつかあるだけだ」(ピエール・ブルジャッド『マン・レイとの対話』松田憲次郎他訳、銀紙書房)

メトロノームを使った『破壊されるオブジェ』は、マン・レイが何度となくレプリカを作った作品である。最初に制作したのは一九二二三年で、「ピアニストが演奏し始めるときにするように、絵を描くときに鳴らしていた。そのカチカチという音が筆の動きの頻度と回数を整えたのだ」と書いている。

一九三二年には、『破壊されるべきオブジェ』として雑誌に発表され、翌年展覧会に出品。一九五七年にパリでダダの回顧展が開かれたとき、学生たちによって本当に破壊されてしまった。これを受けて新たに六点のレプリカを作り、『破壊されないオブジェ』と改名し、さらに一九六五年に一〇〇点を複製し、『永続するモティーフ』とした。

マン・レイは「永続性」にこだわった。ブルジャッドとの対話で「私は永続性のあるものに興味を覚える……繰返して見ても飽きがこず、いつ頃の時代のものなのかちょっと分らないような」と語っている。マン・レイは、とっくにシュルレアリスムの時代が終わってからも、さまざまな評価にさらされながら断固として「マン・レイであること」を貫いた。

サティもそうだったのではないだろうか。

一九二〇年三月八日、ツァラが到着し、誕生したばかりの「六人組」をも巻き込んでさかんに前衛的な催しが行われていたころ、サティはバルバザンジュ画廊で『家具の音楽』という、きわめてダダ的な作品を発表する。俳優のピエール・ベルタンが演出したマックス・ジャコブの劇の幕間に、注意深く聴いてはならない「実用音楽」を考案したのである。音楽は、サティが嫌悪していたアンブローズ・トーマとカミーユ・サン＝サーンスの作品から抜粋して混ぜ合わせ、ホールに散らばった三本のクラリネットと一台のピアノ、一本のトロンボーンが短い楽節を繰り返し演奏するという代物で、環境音楽のはしりと言われている。

目的は、非ドラマティックで、聞き手に耳を傾けさせる機能を放棄させることだったが、実際に上演してみると、生演奏は人の注意を惹いてしまうので、我慢ができなくなったサティは、ステッキを振り回しながら聴衆に「聴いてはいけない！　歩きなさい！」と言ってまわったというエピソードが伝わっている（現在、『家具の音楽』とされている三曲中二曲は『ソクラテス』のための習作、一曲はのちに委嘱された作品）。

その他にも、「感動するのではなく、退屈するように迫る」『ソクラテス』、映画の進行をリードしながら、音楽ではなく画面に注意を向けさせる『幕間』。まさにダダ精神そのものなのだが、サティはダダ運動が始まる前からダダイストだったような気がしてならない。

たとえば、一九一三年、チューリヒ・ダダ創設の三年前に作曲された音楽喜劇『メドゥーサの罠』は、サティ自身が台本を書き、「ダダの根本テーマのひとつである「言語の告発」の先取り」と評価された。

しかしそれは、二一世紀のこんにち歴史を遡ってみるから言えることで、サティの目線に立てばないものを先取りできるわけはない。

サティがダダを先取りしたのではなく、ダダがサティを追いかけたのである。そして、ここが重要なところだが、ダダが消滅してからもサティは生き残っている。

サティを長く研究した音楽評論家秋山邦晴は、一九八九年に京都賞受賞式のために来日したジョン・ケージとピアニスト高橋アキとのやりとりを書きとめている。

日本では、サティブームはすでに去ったという風潮があることに疑問をいだく高橋に、ケージはこう言ったそうだ。

「サティが忘れられることなんかないですよ。サティはちょうど茸みたいなものでね(ケージは茸研究家でもあった)。あきるなんてことはありえない。茸を捜して二〇年も採りつづけてきたって、毎年春や秋にまた森へ出かけていくと、新しい茸が見つかる。それは初めてのことみたいに私を興奮させる。いつだってサティは汲み尽すことがないのですよ、茸のように……」

(秋山邦晴『エリック・サティ覚え書』青土社)

サティ茸は、いつの時代も人を興奮させ、挑発する力を失っていない。

あとがき

父方の祖父でフランス文学者の青柳瑞穂は、「阿佐ヶ谷会」という、中央線沿線の貧乏文士の会に会場を提供した人物だった。両親が「となり」と呼んでいた棟つづきの母屋には、月に一度の割合で文士たちが集まり、酒を飲んで騒いでいた。

頭領は井伏鱒二、子分は上林暁、木山捷平、外村繁ら界隈の作家たち。昭和二三年に亡くなった太宰治も熱心な会員だったときく。

祖父は骨董蒐集家でもあったので、家には皿小鉢類がたくさんあり、大人数の宴会にも困らなかったようだ。

骨董にまつわるエピソードには事欠かない。宴にやってきた客は、この家の主人は骨董を集めている人だから何かほめなければなるまいとプレッシャーに襲われ、玄関脇のくつ箱に乗っている木彫の牛に目をとめる。

「立派な角ですなぁ」

祖父に言わせると角はあとから付け足したもので、本当は目をほめなければならないそうだ。

この家にあるものはなんでも骨董だと勘違いした太宰治が、アルマイトの薬罐を指して、これはどういう由来のものかと尋ねて失笑を買ったという話も伝わっている。

骨董に造詣が深く、『珍品堂主人』など骨董小説も書いている井伏にしても、祖父から譲られた備前の壺を床の間に飾るとき、見どころである灰のなだれを後ろに向けて置いている。お手伝いが掃除のときにひっくり返したのだろうと思った祖父が、こっそり直して帰るのだが、次に行ったとき、壺はまた反対を向いている。

蒐集家としての祖父は、鑑賞眼がなければ単なる木切れにしか見えない鎌倉時代の能面を掘り出したり、誰もが真筆ではないと思った尾形光琳唯一の肖像画を骨董店で購入して重要文化財に昇格させたり、埋もれた美の発見者として名をなしたが、晩年は贋作事件を巻き起こした佐野乾山に幻惑され、悔しまぎれに美しければニセモノでもよいのだと主張していた。

骨董を見る目、というのは、音楽を聴く耳に通じる。立派な角に騙される人もいれば、アルマイトの薬罐を良いと思う人もいるし、備前の壺の見どころがわからない人もいるし、贋作に惚れ込む人もいる。

そんな中で、祖父が掘り出した光琳の肖像画のように、その人の〝目〟がなければ光があてられなかった〝美〟ということを考えるとき、私は一世紀前のパリの音楽サロンの女主人たちに思いを馳せるのである。

たとえば、一九〇九年から一九二九年までパリで活躍し、音楽のみならず諸芸術に多大な影響を与えたロシア・バレエ団。主宰者ディアギレフのパリ進出は、ごくささやかなロシア絵画展で始まったのだ。

ディアギレフがグレフュール伯爵夫人(プルースト『失われた時を求めて』のゲルマント公爵夫人のモデル)のもとを訪れ、あまりうまくないピアノで未知のロシア音楽を弾いてきかせたとき、夫人がそれを良いと思い、興行師アストリュックに紹介しなければ、一九〇七年の五夜にわたる「ロシア歴史音楽会」は実現しなかった。そのときにシャリアピンが歌う『ボリス・ゴドゥノフ』のアリアが評判を呼んだために、翌年の全幕上演に発展し、初日の舞台を観たミシアが感激してディアギレフに声をかけたために、ロシア側出資者の死去にともなう財政難も乗り越えて一九〇九年のバレエ公演が実現することになる。

そしてまた、ロシア・バレエ団がなければ、ニジンスキーが踊る『牧神の午後』や『春の祭典』をデッサンしていたヴァランティーヌ・グロスがコクトーに出会うこともなく、彼女が結びの神となったサティのバレエ音楽『パラード』も生まれず、『パラード』に触発された六人組の誕生もなかっただろう。

たったひとつの〝耳〟が演出した、幸せなドミノ倒しである。集団合議制のコンクールでは、あちこちでドミノが止まってしまいそうだ。

サロンの女主人たちの掘り出しの才に大きな役割が与えられていた時代の記憶を呼び起こすことによって、改めてたったひとつの〝耳〟の大切さについて考えてみたい。

本書は、『図書』二〇二一年二月号から二〇二二年二月号までの連載「響きあう芸術 パリのサロンの物語」を基盤に、『ポリフォーン フランス音楽特集号』(一九九二)に寄稿した「ベル・エポックのサロン フォーレとドビュッシーの場合」、『ふらんす コクトー生誕一二〇年』(二〇〇九)に書いた「音楽に祝祭的気分を!」、『ユリイカ ココ・シャネル特集号』(二〇二一)の「新時代と旧時代のメセナ」、及び神奈川近代美術館葉山館における「マン・レイと女性たち」展関連の講演「サティの眼から見たマン・レイ」(二〇二二年一二月一〇日)の内容を加えたものである。

『ポリフォーン』に紹介してくださった音楽学の恩師・船山隆先生、『ふらんす』編集部の丸山有美さん、『ユリイカ』編集部の明石陽介さん、神奈川県立近代美術館の朝木由香さん、校正刷を読んでくださった美術史家の沼辺信一さん、音楽之友社の大高達夫さん、『図書』及び新書の編集に当たってくださった岩波書店の清水御狩さんに、心から感謝の念を表する。

本書を、ヴァランティーヌ・グロスに関する未発表の記事やミシアの自伝をはじめ貴重な資料を提供してくださったコクトー研究家の高橋洋一氏に捧げる。

二〇二三年六月四日の誕生日に

青柳いづみこ

岩波新書より

哲学・思想

死者と霊性	末木文美士編
道教思想10講	神塚淑子
マックス・ヴェーバー	今野　元
新実存主義	マルクス・ガブリエル　廣瀬　覚訳
日本思想史	末木文美士
ミシェル・フーコー	慎改康之
ヴァルター・ベンヤミン	柿木伸之
モンテーニュ　人生を旅するための7章	宮下志朗
マキァヴェッリ	鹿子生浩輝
世界史の実験	柄谷行人
ルイ・アルチュセール	市田良彦
異端の時代	森本あんり
ジョン・ロック	加藤　節
インド哲学10講	赤松明彦
マルクス 資本論の哲学	熊野純彦
日本文化をよむ　5つのキーワード	藤田正勝
中国近代の思想文化史	坂元ひろ子
憲法の無意識	柄谷行人
ホッブズ　リヴァイアサンの哲学者	田中　浩
プラトンとの哲学　対話篇をよむ	納富信留
〈運ぶヒト〉の人類学	川田順造
哲学の使い方	鷲田清一
ヘーゲルとその時代	権左武志
人類哲学序説	梅原　猛
加藤周一	海老坂武
哲学のヒント	藤田正勝
空海と日本思想◆	篠原資明
論語入門	井波律子
トクヴィル　現代へのまなざし	富永茂樹
和辻哲郎	熊野純彦
現代思想の断層	徳永　恂
宮本武蔵	魚住孝至
西田幾多郎	藤田正勝
丸山眞男	苅部　直
西洋哲学史　近代から現代へ	熊野純彦
西洋哲学史　古代から中世へ	熊野純彦
世界共和国へ	柄谷行人
悪について	中島義道
神、この人間的なもの◆	なだいなだ
偶然性と運命	木田　元
近代の労働観	今村仁司
プラトンの哲学	藤沢令夫
術語集Ⅱ	中村雄二郎
マックス・ヴェーバー入門	山之内靖
ハイデガーの思想	木田　元
臨床の知とは何か	中村雄二郎
新哲学入門	廣松　渉
「文明論之概略」を読む　上・中・下	丸山真男
術語集	中村雄二郎
死の思索	松浪信三郎
戦後思想を考える◆	日高六郎
イスラーム哲学の原像	井筒俊彦

(2021.10)　　◆は品切，電子書籍版あり．　(J1)

岩波新書より

随筆

知的文章術入門	黒木登志夫
人生の1冊の絵本	柳田邦男
レバノンから来た能楽師の妻	梅若マドレーヌ 竹内要江訳
二度読んだ本を三度読む	柳広司
原民喜 死と愛と孤独の肖像	梯久美子
声優 声の職人	森川智之
生と死のことば 中国の名言を読む	川合康三
正岡子規 人生のことば	復本一郎
作家的覚書	髙村薫
落語と歩く	田中敦
文庫解説ワンダーランド	斎藤美奈子
俳句世がたり	小沢信男
日本の一文30選	中村明
ナグネ 中国朝鮮族の友と日本	最相葉月
子どもと本	松岡享子
医学探偵の歴史事件簿 ファイル2	小長谷正明
里の時間	芥川仁 阿部直美
閉じる幸せ	残間里江子
女の一生	伊藤比呂美
仕事道楽 新版 スタジオジブリの現場	鈴木敏夫
医学探偵の歴史事件簿	小長谷正明
もっと面白い本	成毛眞
99歳一日一言	むのたけじ
土と生きる 循環農場から	小泉英政
なつかしい時間	長田弘
ラジオのこちら側で◆	ピーター・バラカン
面白い本	成毛眞
百年の手紙	梯久美子
本へのとびら	宮崎駿
ぼんやりの時間◆	辰濃和男
思い出袋	鶴見俊輔
活字たんけん隊	椎名誠
道楽三昧	小沢昭一 神崎宣武 聞き手
文章のみがき方	辰濃和男
悪あがきのすすめ	辛淑玉
水の道具誌	山口昌伴
スローライフ	筑紫哲也
森の紳士録◆	池内紀
沖縄生活誌◆	高良勉
シナリオ人生◆	新藤兼人
怒りの方法	辛淑玉
伝言	永六輔
活字の海に寝ころんで	椎名誠
四国遍路	辰濃和男
嫁と姑	永六輔
老人読書日記	新藤兼人
親と子	永六輔
夫と妻	永六輔
活字博物誌	椎名誠
商(あきんど)人	永六輔
芸人	永六輔
現代人の作法	中野孝次
職人	永六輔

岩波新書より

世界史

スペイン史10講　立石博高
ヒトラー　芝　健介
ユーゴスラヴィア現代史〔新版〕　柴　宜弘
東南アジア史10講　古田元夫
チャリティの帝国　金澤周作
太平天国　菊池秀明
ドイツ統一　アンドレアス・レダー　板橋拓己訳
人口の中国史　上田　信
カエサル　小池和子
世界遺産　中村俊介
奴隷船の世界史　布留川正博
独ソ戦　絶滅戦争の惨禍　大木　毅
イタリア史10講　北村暁夫
フランス現代史　小田中直樹
移民国家アメリカの歴史　貴堂嘉之
フィレンツェ　池上俊一
マーティン・ルーサー・キング　黒﨑　真
ナポレオン　杉本淑彦
ガンディー　平和を紡ぐ人　竹中千春
イギリス現代史　長谷川貴彦
ロシア革命　破局の8か月　池田嘉郎
天下と天朝の中国史　檀上　寛
孫文　深町英夫
古代東アジアの女帝　入江曜子
新・韓国現代史　文　京洙
ガリレオ裁判　田中一郎
人間・始皇帝　鶴間和幸
袁世凱　岡本隆司
二〇世紀の歴史　木畑洋一
イギリス史10講　近藤和彦
植民地朝鮮と日本　趙　景達
シルクロードの古代都市　加藤九祚
中華人民共和国史〔新版〕　天児　慧
物語 朝鮮王朝の滅亡◆　金　重明
新・ローマ帝国衰亡史　南川高志
近代朝鮮と日本　趙　景達
マヤ文明　青山和夫
北朝鮮現代史◆　和田春樹
四字熟語の中国史　冨谷　至
李鴻章　岡本隆司
新しい世界史へ　羽田　正
パル判事　中里成章
グランドツアー　18世紀イタリアへの旅　岡田温司
マルコムX　荒このみ
パリ　都市統治の近代　喜安　朗
ノモンハン戦争　モンゴルと満洲国　田中克彦
中国という世界　竹内　実
ウィーン　都市の近代　田口　晃
紫禁城　入江曜子
ジャガイモのきた道　山本紀夫
北京　春名　徹
創氏改名　水野直樹

(2021.10)　◆は品切，電子書籍版あり．　(O1)

岩波新書より

芸術

水墨画入門　島尾　新
酒井抱一　俳諧と絵画の織りなす抒情　井田太郎
平成の藝談　歌舞伎の真髄にふれる　犬丸　治
K-POP　新感覚のメディア　金　成玟
ベラスケス　宮廷のなかの革命者　大髙保二郎
ヴェネツィア　美の都の一千年　宮下規久朗
丹下健三　戦後日本の構想者　豊川斎赫
学校で教えてくれない音楽◆　大友良英
中国絵画入門　宇佐美文理
瞽女うた　ジェラルド・グローマー
東北を聴く　佐々木幹郎
黙示録　岡田温司
ボブ・ディラン　ロックの精霊　湯浅　学
仏像の顔　清水眞澄
ヘタウマ文化論　山藤章二

小さな建築　隈　研吾
デスマスク　岡田温司
コルトレーン　ジャズの殉教者　藤岡靖洋
雅楽を聴く　寺内直子
歌謡曲　高　護
琵琶法師　兵藤裕己
歌舞伎の愉しみ方　山川静夫
自然な建築　隈　研吾
肖像写真　多木浩二
東京遺産　森まゆみ
絵のある人生　安野光雅
日本の色を染める　吉岡幸雄
プラハを歩く　田中充子
コーラスは楽しい　関屋　晋
日本絵画のあそび　榊原　悟
ぼくのマンガ人生　手塚治虫
日本の近代建築　上・下　藤森照信
ゲルニカ物語　荒井信一
千利休　無言の前衛　赤瀬川原平

やきもの文化史　三杉隆敏
色彩の科学　金子隆芳
歌右衛門の六十年　中村歌右衛門　山川静夫
フルトヴェングラー　芦津丈夫　脇圭平
楽譜の風景　岩城宏之
明治大正の民衆娯楽　倉田喜弘
茶の文化史　村井康彦
日本の耳　小倉　朗
日本の子どもの歌　園部三郎　山住正己
二十世紀の音楽　吉田秀和
水墨画　矢代幸雄
絵を描く子供たち　北川民次
名画を見る眼　正・続　高階秀爾
ギリシアの美術　澤柳大五郎
音楽の基礎　芥川也寸志
日本刀　本間順治
日本美の再発見〔増補改訳版〕　ブルーノ・タウト　篠田英雄訳
ミケルアンヂェロ　羽仁五郎

(2021.10)

◆は品切，電子書籍版あり．　(R)

岩波新書新赤版一〇〇〇点に際して

ひとつの時代が終わったと言われて久しい。だが、その先にいかなる時代を展望するのか、私たちはその輪郭すら描きえていない。二〇世紀から持ち越した課題の多くは、未だ解決の緒を見つけることのできないままであり、二一世紀が新たに招きよせた問題も少なくない。グローバル資本主義の浸透、憎悪の連鎖、暴力の応酬――世界は混沌として深い不安の只中にある。

現代社会においては変化が常態となり、速さと新しさに絶対的な価値が与えられた。消費社会の深化と情報技術の革命は、種々の境界を無くし、人々の生活やコミュニケーションの様式を根底から変容させてきた。ライフスタイルは多様化し、一面では個人の生き方をそれぞれが選びとる時代が始まっている。同時に、新たな格差が生まれ、様々な次元での亀裂や分断が深まっている。社会や歴史に対する意識が揺らぎ、普遍的な理念に対する根本的な懐疑や、現実を変えることへの無力感がひそかに根を張りつつある。そして生きることに誰もが困難を覚える時代が到来している。

しかし、日常生活のそれぞれの場で、自由と民主主義を獲得し実践することを通じて、私たち自身がそうした閉塞を乗り超え、希望の時代の幕開けを告げてゆくことは不可能ではあるまい。そのために、いま求められていること――それは、個と個の間で開かれた対話を積み重ねながら、人間らしく生きることの条件について一人ひとりが粘り強く思考することではないか。その営みの糧となるものが、教養に外ならないと私たちは考える。歴史とは何か、よく生きるとはいかなることか、世界そして人間はどこへ向かうべきなのか――こうした根源的な問いとの格闘が、文化と知の厚みを作り出し、個人と社会を支える基盤としての教養となった。まさにそのような教養への道案内こそ、岩波新書が創刊以来、追求してきたことである。

岩波新書は、日中戦争下の一九三八年一一月に赤版として創刊された。創刊の辞は、道義の精神に則らない日本の行動を憂慮し、批判的精神と良心的行動の欠如を戒めつつ、現代人の現代的教養を刊行の目的とする、と謳っている。以後、青版、黄版、新赤版と装いを改めながら、合計二五〇〇点余りを世に問うてきた。そして、いままた新赤版が一〇〇〇点を迎えたのを機に、人間の理性と良心への信頼を再確認し、それに裏打ちされた文化を培っていく決意を込めて、新しい装丁のもとに再出発したいと思う。一冊一冊から吹き出す新風が一人でも多くの読者の許に届くこと、そして希望ある時代への想像力を豊かにかき立てることを切に願う。

（二〇〇六年四月）

青柳いづみこ

1950年，東京都生まれ．ピアニスト，文筆家．フランス国立マルセイユ音楽院卒業．東京芸術大学博士課程修了．1990年，文化庁芸術祭賞受賞．99年『翼のはえた指』で吉田秀和賞受賞，2001年『青柳瑞穂の生涯』で日本エッセイストクラブ賞受賞，09年『六本指のゴルトベルク』で講談社エッセイ賞受賞．日本ショパン協会理事，日本演奏連盟理事，大阪音楽大学名誉教授．著書に『ショパン・コンクール見聞録――革命を起こした若きピアニストたち』(集英社新書)など多数．

パリの音楽サロン――ベルエポックから狂乱の時代まで

岩波新書(新赤版)1982

2023年7月20日　第1刷発行

著　者　青柳《あおやぎ》いづみこ

発行者　坂本政謙

発行所　株式会社 岩波書店

〒101-8002 東京都千代田区一ツ橋2-5-5

案内 03-5210-4000　営業部 03-5210-4111

https://www.iwanami.co.jp/

新書編集部 03-5210-4054

https://www.iwanami.co.jp/sin/

印刷・精興社　カバー・半七印刷　製本・中永製本

ISBN 978-4-00-431982-5　　Printed in Japan

主要人名索引

サ　行

タ　行

ナ　行

ハ　行

マ　行

ワ　行